亲亲胎宝宝

孕产专家全程指导手册

范 玲 主编

《婴儿画报》编辑部 编著

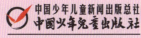

中国少年儿童新闻出版总社
中国少年儿童出版社
北 京

图书在版编目（CIP）数据

亲亲胎宝宝 / 范玲主编. -- 北京 ：中国少年儿童
出版社，2014.1
ISBN 978-7-5148-1333-3

I. ①亲… II. ①范… III. ①胎教-基本知识 IV.
①G61

中国版本图书馆CIP数据核字(2013)第248346号

QIN QIN TAI BAO BAO

出版发行： 中国少年儿童新闻出版总社
中国少年儿童出版社

出 版 人：李学谦
执行出版人：张晓楠

策　　划：张　楠	审　　读：林　栋　聂　冰
责任编辑：李慧远 范 强	美术编辑：田　蕊
特约编辑：凉 弘	封面设计：陈雪冰
责任印务：钟景西	责任校对：谢　宁

社　　址：北京市朝阳区建国门外大街丙12号　邮政编码：100022
总编室：010-57526071　　　　　　传　真：010-57526075
发行部：010-57526201 010-57526231
http://www.ccppg.com.cn　　　　　e-mail:zbs@ccppg.com.cn

印刷：北京瑞禾彩色印刷有限公司

开本：889mm×1194mm 1/20　　　　　　印张：12
2014年1月北京第1版　　　　　　2014年1月北京第1次印刷
字数：300千字　　　　　　印数：8000册
ISBN 978-7-5148-1333-3　　　　　　定价：39.80元

图书若有印装问题，请随时向本社印务部（010-57526539）退换。

序言

延续生命是母亲的神圣天职。长达280天的孕期，对每一位女性来说，都是生命中最期待、最难忘的一段幸福时光。当胎宝宝如一粒坚韧而顽强的种子，在孕妈妈的细心呵护下生根发芽并最终吐蕊绽放，向孕妈妈露出最灿烂的笑容时，孕妈妈也通过孕育完成了一次化蛹为蝶的身心升华。

是的，这长达40周的孕期，的确是孕妈妈生命中重要而美丽的转折！

《亲亲胎宝宝——孕产专家全程指导手册》集中了当前科学孕育的理论精华和实践积累，让孕妈妈轻松应对孕期时光。

本书以每一孕周为章节，根据孕妈妈40个孕周的时间节点层层推进，从孕妈妈身体变化、胎宝宝生长发育，到日常保健、营养、起居、情绪、胎教等多个方面，提供了全面、系统的孕期指导。

本书内容明晰、结构合理、通俗易懂，没有长篇而空洞的理论说教，更多的是简单明了的操作建议和细节化的贴心小提示，具有较强的针对性和可操作性，其目的在于让孕妈妈保持一份轻松愉悦的心情，举重若轻间孕育出一个健康的小生命。

本书的另一大特色，在于增加了图文并茂的胎教童话板块。这些胎教童话皆选自教育部推荐的优秀幼儿读物、荣获中国优秀少儿报刊金奖的《婴儿画报》，生动有趣、寓意丰富，特别适合由准爸爸和孕妈妈读给胎宝宝听。

需要强调的是，科学孕育并非是孕妈妈一个人的事，《亲亲胎宝宝——孕产专家全程指导手册》也是准爸爸的好帮手。准爸爸掌握一些必要的孕期知识，可以帮助孕妈妈健康、安全、轻松地度过整个孕期。

愿此书能够成为最值得孕妈妈信赖的孕期指南，祝孕妈妈的孕期生活幸福平安，胎宝宝健康成长！

首都医科大学附属北京妇产医院主任医师、产科主任

目录

第一章 备孕

优质宝宝有备而来

　　拥有一个独一无二的优质宝宝，是每一位准爸爸和准妈妈的愿望。其实，准爸爸、准妈妈们的身心健康，与此有着密不可分的微妙关系。如果你做好了充分的准备，以一种积极乐观的心态面对未来，孕期生活就会顺利、从容得多，妊娠反应也会轻得多。一起努力吧，孕前孕后生活轻松愉快，家庭幸福温馨，你的"小天使"就会在优良的环境中健康成长啦！

优孕前奏

如果你们做好准备了，就开始着手孕育属于你们的"天使"吧。建议你们要根据个人情况，做好充分的"造人"计划，这需要掌握一些科学的方法和技巧，这样才能让好"孕"伴随你们。

第1步 优质宝宝的潜在分数。孕育宝宝，准爸爸与准妈妈的健康状况十分重要。如果其中一人有遗传性精神病、智力低下、糖尿病、高血压等遗传病史；或准妈妈有心脏病、肾炎、癫痫病等慢性病，都需要去向医生咨询，再决定是否要宝宝。

第2步 孕前检查是关键。确定要宝宝之后，准爸爸与准妈妈需要一起去医院做孕前检查的咨询，做好孕前健康检查。

第3步 告别避孕药，迎接好"孕"气。如果准妈妈有吃避孕药的习惯，那么从现在开始停服。

第4步 强身健体保"孕"气。坚持每天运动30分钟，增强身体免疫力，为宝宝的健康打好基础。

第5步 暂别小宠物。如果准爸爸与准妈妈有养小宠物的习惯，这时就需要把心爱的小宠物托付给亲朋好友，再检查有没有弓形体等感染。

第6步 戒烟戒酒，健康生活。如果准爸爸与准妈妈有吸烟、饮酒的爱好，那么至少从现在开始就要戒烟戒酒了。

第7步 改善每日饮食。增加营养补充，养成科学合理的膳食习惯。

第8步 "造人计划"现在开始。了解准妈妈生殖系统周期性的变化，通过推算日程表，掌握排卵规律，鉴别"易孕阶段"和"不易孕阶段"，达到计划受孕的目的。

小贴士

怀孕的最佳时刻

最佳受孕年龄 一般在准妈妈25~30岁，准爸爸28~35岁。此时夫妻双方身体发育成熟，激素分泌旺盛，宝宝孕育环境好，有利于宝宝的生长发育。

最佳受孕日期 掌握准妈妈的排卵期，一般在两次月经周期的中间几天。或准确说，是在下一次月经的前14天。排放后的卵子可存活1~2天，精子在子宫内可存活3天，因此在排卵前3天和后1天过性生活比较容易受孕。

最佳受孕时间 科学家通过对一天受孕概率的研究发现，如果想怀孕的话，做爱的最佳时间是下午5~7时。精子无论是数量，还是质量，一天中都变化很大，而在下午稍晚的这段时间达到高峰，恰好大多数准妈妈在下午3~7时这段时间排卵，此时准妈妈最容易受孕。

最佳受孕状态 不要在情绪压抑时受孕，人一旦处于焦虑抑郁或有沉重思想负担的精神状态，就会影响精子或卵子的质量，从而影响宝宝的生长发育。

优质准妈妈训练营
12个打造方案

聪明伶俐的优质宝宝人人爱，而要把"聪宝"顺利迎到家，准妈妈还需"过五关斩六将"，把自己打造成健康无敌的"超人妈咪"。准妈妈训练营，12个健康方案帮你成就好"孕"，做"聪宝"的"优妈"。

提前11个月：
乙肝疫苗来助阵

乙肝疫苗是按照0、1、6的程序注射的。即从第一针算起，在此后1个月时注射第二针，在6个月时注射第三针。因此，至少应该在孕前9～10个月进行注射，才能保证怀孕的时候体内乙肝疫苗病毒完全消失，并且产生抗体。

有些人在3针注射完之后仍不能产生抗体，或者抗体的数量很少，就还需要进行加强注射。所以最好将注射乙肝疫苗的时间提前11个月。

提前10个月：
全身检查要报名

准妈妈的体检单：血、尿常规、肝肾功能、心电图、血压测定、病毒及抗体检测、胸部透视、营养状况检查、妇科内分泌、妇科检查、白带常规、染色体检测等。

对于曾经有过流产经历的准妈妈则要做更进一步的检查。特别是患心脏病、贫血、糖尿病、甲亢、哮喘、肿瘤及性病都不宜受孕，应该积极治疗，身体治愈后3个月再怀孕。

准爸爸的体检单：血、尿常规、肝肾功能和精液检查等。

小贴士

体检重要关卡一定咨询医生

重要关卡1：有遗传疾病家族史。

重要关卡2：曾分娩过有遗传性疾病或先天性疾病宝宝。

重要关卡3：准妈妈年龄超过35岁。

重要关卡4：夫妻双方有一方或双方患有先天性疾病。

重要关卡5：连续3次或3次以上流产。

提前 8 个月:
风疹疫苗不可少

准妈妈在想要妊娠前先抽血化验,如显示风疹抗体阴性,说明未曾受过风疹病毒感染,这时就可注射风疹疫苗使体内产生抗体,避免感染。而为了保险起见,一般建议准妈妈给自己留出充足的时间,提前8个月注射风疹疫苗,并在2个月后确认体内是否有抗体产生。千万不可在怀孕期间注射疫苗,孕期注射疫苗反而会引起子宫内感染。注射风疹疫苗后3个月内不宜怀孕。

提前 6 个月:
健康生活很重要

有好的生活方式,准妈妈就能拥有好的体质,生下的宝宝也会身体健康、好带好养、聪明活泼,准妈妈产后复原也会较佳。可以从日常生活中的饮食、情绪、运动、生活方式等方面进行调整,给予胎宝宝最有利的生长环境。

提前 6 个月:
保健口腔免后患

孕前一定要关注龋病、牙周病、智齿冠周炎。小小的孕前虫牙,若治疗不及时就可能发展成牙髓炎、牙周炎;再发展下去,会导致影响咬合和进食的牙槽脓肿,甚至发展为化脓、发热、颌面部肿痛的间隙感染。X射线的检查、麻醉药和止痛药等,都可能会对宝宝不利,导致宝宝发育畸形,甚至流产或早产。孕前做个口腔保健,确保牙齿健康,以免后患。

提前 6 个月:
避孕方式及时变

服用避孕药的准妈妈:建议你提前6个月左右停用避孕药,改用避孕套等物理避孕方式或自然避孕法等。因为口服避孕药进入人体后,是通过肝脏代谢的,在停服6个月后,体内存留的避孕药才可能完全排出体外。一般三次以上正常的经期后,身体基本恢复正常。

采用宫内节育环避孕的准妈妈:无论上环时间长短,节育环作为异物都对子宫黏膜有一定的影响。子宫是孕育宝宝的场所,子宫内膜在受精卵着床后,迅速发生蜕膜变,成为宝宝发育和成长不可缺少的部分。如内膜有损伤、炎症或既往有炎症,则犹如贫瘠的土壤,受精卵不能在其上"种植",或不能正常发育。取环后,必须让子宫内膜有一个恢复期,从优生角度考虑,一般应在来过2~3次正常月经后再怀孕为佳。

提前 6 个月:
告别不正常体重

准妈妈体重如果低于标准体重的15%,则为身体过瘦;如果高于标准体重20%以上,则为身体过胖。过瘦或过胖都会使体内的内分泌功能受到影响,不仅不利于受孕,还会在孕后易并发妊娠高血压综合征、妊娠糖尿病等。

提前 3 个月:
补充叶酸造"聪宝"

中国传统的饮食结构中摄取不到充足的叶

酸，加之叶酸在烹调时又很容易被破坏，因此，我国育龄准妈妈普遍缺乏叶酸。宝宝很需要叶酸，它具有抗贫血的性能，能有效地降低发生宝宝神经管畸形的概率，还有利于提高宝宝的智力，使新生儿更健康、更聪明。除了在饮食上注意摄取富含叶酸的食物之外，可以在怀孕前3个月开始，每天补充400~800微克叶酸，一直服用到怀孕后3个月。

提前 3 个月：
TORCH筛选估风险

TORCH筛选，是一项针对至少5种可能严重危害宝宝发育的宫内感染病原体进行的筛选。主要是检测准妈妈体内风疹病毒、巨细胞病毒、弓形虫、单纯疱疹病毒等的抗体水平。根据检测结果来估算宝宝可能发生宫内感染乃至畸形、发育异常的风险，最大限度保障生育一个健康的宝宝。不同病原体导致的宫内感染，对宝宝造成的不良后果也不尽相同，最常见的是宝宝宫内发育迟缓和智力发育障碍。

提前 3 个月：
慎用药物，听从医生指导

孕前3个月夫妻双方都要慎用药物，避免使用吗啡、氯丙嗪、红霉素、利福平、解热止痛药、环丙沙星、酮康唑等药物，以免影响卵子的受精能力。有些药物，如激素、某些抗生素、止吐药、抗癌药、安眠药等，都会对生殖细胞产生一定程度的影响。

很多药物对准爸爸的精子质量也会产生不良影响，如抗组织胺药、抗癌药、咖啡因、吗啡、类固醇、利尿药等。这些药物不仅可致新生儿

缺陷，还可导致宝宝发育迟缓、行为异常等。准备怀孕后，准爸爸一定要在医生指导下服药。

需要长时间服用某种药物的准妈妈、准爸爸都需经医生指导，才能确定受孕时间。慎服中药。

提前 2 个月：
为了宝宝提前储备营养

孕期营养极为重要，但要保证孕期营养，还须从准备怀孕的前3个月开始积极储备。宝宝出生后的体质和智力的好与坏，很大程度上取决于胎宝宝时期所得到的营养是否充足、均衡。

提前 1 个月：
放松心情，优孕大冲刺

经过长时间的准备，夫妻双方的身体都处在孕育宝宝的最佳状态了，现在就将进行最后的冲刺阶段了。在这个月里，应尽可能地放松心情，放弃一切"防范措施"。为了增加"命中率"，选个最容易中标的幸福时刻吧。

小贴士

别忘记了血型检测

如果准爸爸是A、B或AB型血，准妈妈的血型是O型，而且准妈妈抗A（B）抗体数值高的话，所生的宝宝就有可能会患上血型不合的溶血病。因此，孕期做血型检测，及时发现ABO血型不合，还是有必要的。不过，别过于担心，真正发生溶血的只有2%~2.5%，即使发生，病情也较轻，仅有少数发生黄疸。

优质准爸爸训练营
"精"力制胜法宝

创造一个小生命，并让他顺利诞生，当然不能草率上阵，随意行事，还需准爸爸养"精"蓄锐，储备优质好"精"力。准爸爸，你做好迎接一个全新小生命诞生的准备了吗？

1. 体能健康的准爸爸最合格

研究表明，准爸爸缺少锻炼，身体肥胖，会导致腹股沟处的温度升高，损害精子的成长。运动不仅可以保持健康的体力，还是有效的减压方式。压力大的男人可以考虑每天运动30~45分钟，增强精子活力。

2. 准爸爸"补肾养精"秘方

准爸爸平时工作忙，保健养生极其重要。一是注重调整饮食结构，充养肾精；二是减少对肾精的耗损。尤其是自身肾精不足的，一定要注重后天的调养，对提高精子活力非常有效。

补精壮阳靠美食：富锌食物（如豆类、花生、牡蛎、牛肉、猪肉等）；动物内脏富含肾上腺皮质激素和性激素，适当食用可以增强性功能。

精子喜欢的食物：滑黏食物（如鳝鱼、海参、墨鱼、章鱼等）富含的精氨酸是精子形成的

必需成分，并能增强活力，对维持准爸爸生殖系统正常功能有重要作用。

吃得好能抵御病菌：多摄入含有维生素E和各种微量元素的水果、蔬菜，有助于抵御破坏精子的病菌。

3. 性生活，不能随心所欲

如果准爸爸的生殖器经常充血，会使阴囊的温度升高，从而造成精子活力降低。因此，最好要有规律地过性生活，保证精子的产生和活动。性生活一旦过频，则容易耗损肾精，导致准爸爸身体亏空，精子质量下降。医学研究表明，生殖道感染对精子的活力会产生很大的杀伤力，一旦精液被感染后，会显著影响精子的活力。

4. 健康生活方式，一个不能少

不健康的生活方式，如长期吸烟、酗酒，长期处于辐射环境、高温环境，也是导致准

爸爸精子数量下降的凶手之一，可使阴囊、睾丸和附睾温度升高，从而影响精子的生成与成熟。长时间开车或一直接触汽车尾气污染，也会引发准爸爸生理功能紊乱，引起精子活力下降。

量减少，精子质量和活动度降低。长期处于过度疲劳、紧张的心理状态下，能引起睾丸退行性改变，影响生育能力。尽量放松心情，自然好"孕"来!

5. 好心情带来好"孕"气

对准爸爸来说，坏心情会使睾丸生精功能发生紊乱。一些不良的心理问题也会使精液

孕前做一个健康评估

对备孕妈妈的身体状况先做一个初步的评价，保证身体各个器官的功能都在一个最佳的状态，没有任何疾病，也没有对胚胎发育有不良影响的情况。一般建议提前三四个月做孕前检查。

1. 做一个全面的、系统的检查

对身体各个脏器系统，如心脏、肝脏、肾脏等，都要全面地检查一下。

要对原来患有的一些疾病进行复查，看是否已经痊愈或是好转，待病情稳定以后才可以怀孕。

患有心脏病、贫血、糖尿病、甲亢、哮喘、癫痫、肿瘤及性病都不宜怀孕，应该积极治疗，身体痊愈后3个月后再怀孕。

2. 常规检查

包括血常规、尿常规、肝肾功能、心电图、血压测定、病毒及抗体检测、胸部透视、营养状况检查、妇科内分泌、妇科检查、白带常规、染色体检测、体内微量元素及艾滋病病毒等。

3. 特殊检查

医生会根据备孕的具体情况增加一些检查项目，一定要详细地把自己的病史和家庭情况告知医生。

曾经有过流产经历的备孕妈妈则要做更进一步的检查。

如果有接触猫狗史，应该进行弓形虫的检查。

有病毒感染可能的时候，应该做一个病毒系列的检查。

必要时可以进行血型抗体的检测，以预防发生溶血性疾病。

长期接触放射线的备孕妈妈应该进行血液方面的检查，以排除一些特殊的疾病。

有一些有家族遗传病史的夫妇应该在孕前进行基因的诊断。

小贴士

准爸爸的孕前检查

准爸爸要告知医生职业与工种，自身及家人的健康状况，自己的精神病、遗传病等方面的情况，婚姻及性生活情况。必要时，还应进行染色体、血型等检查。同时，泌尿生殖系统的健康对宝宝很重要，检查主要包括：

阴茎：注意有无严重的包茎、硬结、炎症、肿瘤或发育异常。

尿道：检查有无瘘孔、下裂、硬结。

前列腺：经肛诊可检查其大小，检查有无硬结、肿物，还可按摩取前列腺液检查。

睾丸：测量其大小、触诊硬度，检查有无硬结、压痛、肿物存在，是否为隐睾。

精索：触摸其中输精管的硬度，检查有无结节、压痛，以及有无精索静脉曲张。

第二章 孕早期

欢迎胎宝宝来我家

现在，你已经做好要迎接一个胎宝宝的准备啦！虽然孕早期这短短12周内，胎宝宝大约只有绿豆大小，但你仍可通过很多细微的变化感知他的悄然成长，胎宝宝带给你的惊喜也将一步步呈现。由于这一阶段的胎宝宝比较"脆弱"，还需要准爸爸与准妈妈给予他更密切的关注，做好孕早期的营养与产检。

第1周

经过了备孕阶段长时间的心理和生理准备，准爸爸与准妈妈就可以自己测算排卵周期，调整好身体的内环境与生活的外环境，开始你们的"造人"历程了。而第一周，实际就是为卵子的受精做最后的准备。

胎宝成长笔记

这个阶段是处于备孕的最后冲刺时刻，胎宝宝还只是一个像"小蝌蚪"一样靠尾部运动的精子和妈妈体内的最大细胞——卵子。

宝贝计划：把握好"孕"期

测试基础体温，有助于更好抓住排卵期，成功受孕。你可以自己测算排卵周期，即月经周期。主要方法是基础体温法，即每天早晨醒来后身体不做任何运动，用体温表测出体温。坚持做一个月后，就可以制成一个曲线的基础体温表。一般排卵期的体温会升高0.3～0.5度，但需排除其他可致体温升高的因素，如全身感染性疾病等。

若基础体温上升后及时享受"性福"，月经到期未来，基础体温便可持续不降，如长达16天之久，则受孕的可能性较大。根据基础体温表，在排卵期你就可以做好迎接新生命的准备了。

小贴士

基础体温的测量和记录方法

◎ 早上醒来后，在身体不活动的状态下，每日在同一时间测量。

◎ 用温度计测出体温（以口腔温度为准）。

◎ 将测出的体温数标在基础体温图表上。

◎ 将一段时间的体温数用线段连接起来，形成曲线，由此曲线可以判断出是否正值排卵期。

妈妈的爱：帮宝贝"隔离"遗传病

人体内大约有10万组成对的基因，这些基因是从父母那里遗传下来的，对于胎宝宝未来的健康起着关键作用，一旦基因在数目和结构上发生异常，就会导致胎宝宝先天畸形。因此，专家提醒：要守护胎宝宝远离遗传病，就需要去做遗传咨询，筛选出可能患有遗传病的人或致病基因携带者。

及早筛检患遗传病的准爸爸与准妈妈，应告诉医生详细病史，配合医生做好完整的家族健康史调查，特别是对发病者的直系亲属（至少两代）要查清楚，然后进行必要的实验室检测，确认准爸爸与准妈妈，及其直系亲属是否有遗传病，并做出正确诊断。同时，医生帮助推算复发风险率，并对生育提出指导性对策或切实建议。

致病基因携带者体内带有致病的遗传物质，但从表面上看与正常人一样。可把致病的遗传物质传递给下一代，造成致病遗传物质扩散，并在一定的环境因素下导致后代发病，如血友病、苯丙酮尿症等。检查携带者的方法有临床检测、细胞学检测、酶和蛋白质检测及基因检测。

辣妈加油：享受美妙的受孕过程

这一周孕妈妈自身可能还没有什么感觉，但在你的身体内却进行着一场变革。因为，从这一刻起，胎宝宝的生命旅程也许就此开始了。

卵子和精子结合成受精卵。从孕妈妈的卵巢排出来的卵子是人体内最大的细胞，直径约为200微米，在输卵管中的寿命仅12~36个小时。精子全长约500微米，分为头部、颈部和尾部，像一只小蝌蚪一样靠尾部运动。精子处在良好的宫颈黏液环境中能存活3~5天。受孕通常只能发生在性生活后的24小时内，这时精子和卵子已经结合在一起形成受精卵。

受精卵经过3~4天运动进入子宫腔。在这个过程中，受精卵由一个细胞分裂成多个细胞，并成为一个总体积不变的实心细胞团，称为桑胚体。

胚胎植入子宫。受精一周后，胚胎分泌一种激素，这种激素帮助胚胎埋入子宫内膜，这样受精卵就正式安顿下来，进行有规律的发育。

算算胎宝宝何时报到

最后一次月经计算法：将最后一次月经来潮的月份减掉3（不足者加上9），而日数加上7，即为预产期。例如，最后一次月经为4月5日开始，预产期则为翌年1月12日。

以受精日计算：若知道受精日，从这天开始经过38周(266天)即为预产期。使用基础体温者知道排卵日，则可计算出受精日。

超声波断层法：对于最后一次月经开始日不确定的人而言，这是较准确的方法。停经8~10周时由于可计算出胎囊大小与胎宝宝头至臀部的长度，以及胎头两侧顶骨间径数值，据此值即可推算出怀孕周数与预产期。

由子宫大小推定：根据子宫底的高度测定怀孕周数。

上述办法中，以最后一次月经开始日推算预产期的方法最为常用，但以受精日推算预产期的方法最精确。

孕期营养：必备能量源

随着胎盘的逐渐形成和子宫的增大，孕早期孕妈妈除了维持自身所需能量外，还要负担胎宝宝的生长发育以及胎盘和孕妈妈组织增长所需要的能量。因此，孕早期的饮食应营养丰富全面。

保证每天的饮食结构合理，配餐表中要尽量包括：主食（米、面或其他杂粮），有色蔬菜（红、黄、绿色）与水果，鱼、肉、蛋、奶，豆制品，食用油，调味品，坚果类食品，等等，这样才能均衡膳食，保证营养。

营养加油站
香菇枣蒸鸡

原料：鸡1/4只、香菇6朵、生姜3片、红枣6个、生粉1小勺、生抽1汤匙、白糖1小勺。

做法：

1. 把鸡洗净，香菇、红枣洗净泡发，姜切丝，葱切段。

2. 把鸡块、香菇、红枣、姜丝用盐、淀粉拌匀，腌好。

3. 最后把鸡块放入蒸屉中，淋香油，蒸熟，撒葱段即可。

功效：温中益气、补精填髓、益五脏、补虚损，对于肾精不足所致的小便频繁、耳聋、精少精冷等症也有辅助疗效。

胎教密语：环境好胎宝宝才优秀

胎教是让胎宝宝在孕妈妈子宫里时享有好的环境，使孩子生下来后聪明、个性稳定，智商与情商都比较高。要达到这一目的，就必须创造良好的胎教环境，使孕妈妈生活在舒适如意的环境中，保持健康的精神及心理状态，避免不良因素的刺激。

优秀妈咪打造优质胎宝宝。孕妈妈的营养、健康、文化修养、整体素质、孕期保健等都是优生的土壤，是胎教的极其重要的条件。

与胎宝宝一起成长。胎教能促进孕妈妈分泌酶与血管活性物质，调节全身的血流量，对大脑神经细胞起兴奋作用，从而改善胎盘的供血状况，促进胎宝宝智力和全身各器官迅速发育。

积极向上，从胎宝宝开始做起。胎教是通过调整孕妈妈身体的内外环境，消除不良刺激对胎宝宝的影响，并采用一定的方法和手段，积极主动地对胎宝宝进行训练和教育，以使胎宝宝的身心发育更加健康成熟，为其出生后的继续教育奠定良好的基础。而且胎宝宝得到良好的生长环境，出生后往往也开朗自信、健康聪明。反之，过度的紧张、忧愁、抑郁，则会使大脑皮质的高级神经中枢活动受限，并直接影响胎宝宝。

第2周

胎宝宝如约来临，他在你的子宫内安家落户，开始陪你一起经历生命奇遇。但生命的开始并不意味着可以高枕无忧，要悉心呵护，做好他的"守护神"很重要！

胎宝成长笔记

受精卵从输卵管进入到子宫，在子宫中继续生长。

宝贝计划：宝贝性别的诊断方式

● 超声波扫描：应用非常普遍，利用超声波诊断胎宝宝性别时，男宝宝的准确度可达95%以上，女宝宝的准确度在85%左右。

● 羊膜穿刺术：主要是为了诊断胎宝宝是否有染色体方面或神经管的缺陷，通常在怀孕16~20周实施。由于可以得知胎宝宝的染色体，因此也可知道胎宝宝的性别。准确度可达99%，但是有1%的流产概率。所以，不赞成只为了测知胎宝宝性别就做羊膜穿刺术。

● 绒毛采检术：又称"绒毛取样术"，通常在怀孕8~10周时做。主要目的和羊膜穿刺术一样，是为了诊断胎宝宝的染色体是否正常，但也有人用来诊断胎宝宝的性别，准确率可达98%。但它可能造成流产(3%~5%)，还可能伤害胎宝宝，造成其手脚的残缺。因此，最好不要单为了测知胎宝宝性别而接受这种检验。

妈妈的爱：小心胚胎异常

胎宝宝发育早期，胚胎异常是常见的问题，结局多是流产或畸形。孕妈妈想避开这个让自己痛心的结果，就要了解可能影响胚胎正常发育的原因。

遗传因素：遗传物质发生改变是导致胚胎发育异常的重要因素，表现为基因突变和染色体性先天畸形。

环境因素：有些微生物可穿过胎盘屏障直接侵犯胚胎，或者是通过作用于母体引起母体生理代谢发生紊乱来影响胚胎的正常发育，导致各器官的发育过程发生障碍，引起胚胎畸形。生物因子主要有巨细胞病毒、疱疹病毒、病

原体、单纯疱疹病毒、梅毒螺旋体、弓形体等；化学因子主要有工业"三废"、农药、食品添加剂、防腐剂等，这些化学品中都含有致畸因子；致畸药物等。

辣妈加油：躲开感冒发烧

孕妈妈应注意休息，平时要注意营养、增强体质。

避免接触感冒病人，在感冒流行时不要去公共场所，可避免感冒或减少患感冒的机会。

注意个人卫生，家中居室要经常通风换气，保持温、湿度适宜，经常用醋熏蒸房间，保持良好的心境，增强对疾病的抵抗能力。

一旦患了感冒也不要惊慌失措或乱服药物，更不应对此不加介意，应及时到医院找医生咨询。

对可诱发胎宝畸形的药物说"不"！

肯定致畸的药物：

抗癌药：引起胎宝宝发育畸形，功能异常。

性激素：会使男宝宝女性化或女宝宝男性化，或使女宝宝发育至青春期时易发生宫颈癌和阴道癌。

可能致畸的药物：

抗癫痫药：引起头面畸形、心脏畸形、早产、身体和智力发育迟缓。

镇静药：导致唇裂和腭裂或者会引起死胎、四肢畸形、发育迟缓、视网膜病变等。

降血糖药：在妊娠期间会导致流产、死

小贴士

感冒药小心用

抗感冒药，孕妈妈最好不用。抗病毒药若必须使用，则应在医生指导下谨慎使用。

退热药中消炎痛是孕妈妈禁忌的退热药。传统解热镇痛药阿司匹林，即便是孕32周后也不宜使用。

祛痰、止咳药虽然一般比较安全，但含碘制剂的止咳药，孕妈妈也不宜使用。

胎、 多发性畸形(如先天性心脏病、兔唇、腭裂、骨畸形)及血小板下降。

抗甲状腺药: 会引起胎宝宝先天性甲状腺肿大、甲状腺功能不全、呆小病和死胎。

抗疟药: 可使胎宝宝流产、视力缺陷、肾损伤、脑积水、心脏及四肢畸形。

维生素: 服用过量时会致畸。

孕期营养: 巧补叶酸

孕早期是胎宝宝神经器官发育的关键时期, 胎宝宝很需要叶酸。因为它不仅具有抗贫血的性能, 还能有效地降低发生胎宝宝神经管畸形的概率。

叶酸补充有讲究: 含叶酸的食物很多, 但由于叶酸遇光、遇热就不稳定, 容易失去活性, 人体真正能从食物中获得的叶酸并不多。蔬菜贮藏、煲汤、盐水浸泡等使食物中的叶酸损失很大。所以要改变一些烹制习惯, 尽可能减少叶酸流失, 还要加强富含叶酸食物的摄入, 必要时可补充叶酸制剂、叶酸片、多维元素片。

胎教密语: 胎宝宝心理训练营

胎教对胎宝宝的心理素质的发生、发展有益, 能够有效地为儿童心理发展打下良好的基础。因为儿童期心理的发生、发展, 根源在于胎内环境对胎宝宝心理素质发育的影响。

这种影响一旦成为了胎宝宝的心理素质, 儿童从出生后到成人的整个阶段, 就会出现某种明显的行为倾向, 后天的环境和教育可能改变这种倾向, 也可能改变不了。经过胎教的胎宝宝心理素质良好, 总是笑呵呵, 夜间不哭闹, 学话快, 理解力和接受能力强, 性格活泼, 愿与人接触, 右脑发育好。

营养加油站
芦笋炒虾仁

原料: 虾仁400克、芦笋100克、鸡蛋1个、葱、蒜、糖、盐、料酒、淀粉、白胡椒各适量。

做法:

1. 虾仁挑去泥肠, 洗净, 拌入蛋清、盐、淀粉, 过油捞出。

2. 芦笋洗净, 用开水汆烫后冲凉, 切小段。

3. 用两大匙油炒香蒜、芦笋, 接着放入虾仁和料酒、盐、白糖、白胡椒, 勾芡、炒匀即可。

功效: 芦笋中含丰富叶酸, 大约5根芦笋就能满足个人每日叶酸需求量的1/4。虾仁含高蛋白, 具有补肾、壮阳、滋阴、健胃等功能。

第**3**周

胎宝宝的大脑慢慢形成，心脏有了简单的跳动，他开始给你带来惊喜，你的生命中增加了一份责任，你和丈夫的二人世界也会告一段落，你的胎宝宝将与你同欢乐，你的母爱天性将会发挥得淋漓尽致。

胎宝成长笔记

最初的几周内，胚胎细胞的发育非常快。胚胎细胞有3层，称三胚层，是胎体发育的始基，每一层都将形成身体的不同器官，这3个细胞层分化成一个完整的人体。最里层形成一条原始管道，以后发育成肺、肝脏、甲状腺、胰腺、泌尿系统和膀胱；中层将变成骨骼、肌肉、心脏、睾丸或卵巢、肾、脾、血管、血细胞和皮肤的真皮；最外层将形成皮肤、汗腺、乳头、乳房、毛发、指甲、牙釉质和眼的晶状体。

宝贝计划：宝贝的容貌更像谁

◎ 百分之百遗传：肤色、下颌、双眼皮

肤色总是遵循"相乘后再平均"的自然法则，给你打着父母"中和"色的烙印。如果父母一方较白、一方较黑，那么，在胚胎时子女便是一个不白不黑的"中性"肤色。同样，下颌、双眼皮也是百分百的显性遗传。另外，大眼睛、大耳垂、高鼻梁、长睫毛，都是五官遗传时从父母那里最能得到的特征性遗传。

◎ 有半数以上概率的遗传：身高、肥胖

对于自己的身高，胎宝宝只有30%的主动权，另外70%的因素父母各占一半，所以许多让自己长高些的努力都是徒劳的。而胖与不胖，大约有一半可以由人为因素决定，我们完全可以通过合理饮食、充分运动使自己体态匀称。

◎ 先天遗传后天可塑：声音和萝卜腿

通常男宝宝的声音大小、高低像父亲，女宝宝像母亲。但是，这种由父母生理解剖结构的遗传所影响的音质如果不美，多数可以通过后天的发音训练而改变。所以只要刻苦地练习，就会拥有甜美的嗓音。酷似父母的那双脂肪堆积的萝卜腿，完全可以通过充分的健美运动而重塑。

秃头和青春痘50% 遗传

　　秃头一般只遗传给男子，如果父亲有秃头，男宝宝有50%的概率，就连母亲的父亲，也会将自己秃头的25%的概率留给外孙们，而准爸爸则应赶快回家看看自己的父亲或外祖父。青春痘是让"只要青春不要痘"的少男少女们愁眉不展的容颜症，居然也与遗传有关。父母双方若患过青春痘，子女们的患病率将比无家庭史者高出20倍。

妈妈的爱：不让畸形接近宝宝

　　孕早期是"未来胎宝宝"重要组织、器官的分化期，此期对外界的不良刺激最为敏感，是胎宝宝畸形的高发期，所以孕早期的保健尤为重要，应小心致畸的可能因素。

　　体温升高：发热是常见的致畸因素。热度越高，持续越久，致畸性越强。因此孕早期要注意冷暖，避免接触发热患者，避免患发热性疾病，避免高温作业、桑拿浴、热盆浴等。

　　烟酒：吸烟或饮酒都会影响胎宝宝发育。尤其酒精，是公认的致畸物。酒精综合征患儿多会出现畸形、发育迟缓及智力低下。

　　滥用药：孕期生病不得滥用药物，应向医生说明自己已经怀孕，以便医生治疗时注意选择药物。

　　有毒、有害的物质：职业接触的物质性质不明时，可向医生咨询，做好防范工作，避免贻害胎宝宝。

辣妈加油：早孕妈妈心理门诊

　　人情绪的变化会引起生理上的变化，孕妈妈的心理状态对胎宝宝的影响也一样，甚至更为敏感。如孕妈妈情绪紧张，就会引起肾上腺皮质激素分泌过多，可能导致胎宝宝上颌发育不全形成腭裂。

　　孕妈妈最容易出现的心理问题主要表现为：烦躁、紧张和恐惧疑虑；过分忧虑、懊丧、自责自卑、失落感；过分担心胎宝宝是否畸形而穷思竭虑，怕感染疾病危及胎宝宝，时时处处谨小慎微；不良的情绪会影响到胎宝宝的健康发育，孕妈妈要尽可能做到凡事豁达，不斤斤计较；平时多听听舒缓的音乐，多休息；遇到不顺心的事，及时与人倾诉；丈夫和家人应给予孕妈妈更多的关心和照顾，使其心理保持在最佳状态。

孕早期运动计划

　　这个阶段，胚胎刚刚种植到宫腔中不久，胎盘尚未完全形成，胎宝宝和妈妈的连接还不稳定，容易发生流产，只可进行适度的有氧锻炼，千万要避免剧烈运动。

　　有氧运动：如游泳、快步走、慢跑、爬楼梯等，不仅可改善人的心肺功能以及肌肉和骨骼的机能，缓解女性怀孕以后出现的呼吸困难、下肢水肿、腰腿疼痛和便秘等症状，还有利于胎宝宝的生长。

剧烈运动: 如骑自行车、跳舞等跳跃、扭曲、快速旋转运动, 可能导致胎宝宝出现危险或流产, 千万要避免。

孕期营养: 清淡营养两不误

饮食与孕前相比不必有太多改变, 但要注意营养均衡, 饮食的质比饮食的量更为重要。清淡食物多为植物性食物, 符合胎宝宝发育阶段的特点。

胎教密语: 宝贝性格完美, 妈妈做主

胎儿对外界刺激变化会有所反应。孕妈妈的精神情绪、行为举止, 以及周围环境都对胎儿有所影响。如果能给予正面的积极的影响, 就能使得胎宝宝在出生后发育更正常, 学习更容易, 对胎宝宝的智商、情商的发展有一定作用。

释放不良情绪: 可以通过写日记或向可靠的朋友诉说自己的处境和感情, 使烦恼烟消云散, 得到令人满意的"释放"。

给胎宝一个温馨的家庭氛围: 学会控制自己的情绪, 相互谅解, 尽量避免发生正面冲突。准爸爸更应该付出耐心和爱心来关怀呵护孕妈妈, 让腹中胎宝宝的情绪不受到太大的影响。

跟胎宝宝多说话: 孕妈妈可以跟胎宝宝说说自己的心事, 也可以问胎宝宝问题。如果准爸爸能经常跟胎宝宝交流, 那么胎宝宝的心情就会更加愉快。试验表明, 准爸爸低沉的声音能增加胎宝宝的愉悦感和安全感。

轻轻抚摸胎宝宝: 你轻柔的抚摩可以安定

营养加油站
素什锦

原料: 鲜蘑、香菇、黄瓜、胡萝卜、西蓝花、木耳、芹菜各40克, 油面筋适量, 葱、姜、盐、香油各适量。

做法:

1. 将黄瓜、胡萝卜、西蓝花、芹菜等洗净, 切成寸长小段。

2. 西蓝花、芹菜用开水焯一下, 胡萝卜过油, 油面筋切成寸断, 再将木耳、香菇等泡发, 撕成小块。

3. 锅内加油, 葱、姜炝锅, 加入高汤, 下入木耳、香菇、油面筋、胡萝卜, 小火微炖收汤后加入蔬菜, 勾芡, 加盐、香油即可。

功效: 清爽可口, 含多种维生素及矿物质, 营养丰富, 是孕早期补充营养的不错选择。

胎宝宝的情绪, 在胎动剧烈的时候, 尝试用手抚摩胎宝宝的身体。如果能够经常抚摩腹部, 并在这个过程中配以语言交流, 则可以让胎宝宝感到愉快舒服, 并有一种安全感。

你是不是开始发觉自己变得慵懒，总觉得睡不够，白天也感到昏昏欲睡，就连说话都觉得是件费劲儿的事情？别担心，这些都是孕早期的正常表现，这也是胎宝宝提醒你他存在的一种独特方式。

第4周

胎宝成长笔记

胚胎发育到第4周，外胚层出现神经管道，将来脊髓、大脑、神经、骨干会由此而来。在中层，心脏和循环系统已经出现，其中心脏已开始跳动并经简单的血管运送血液。内层中，泌尿系统、肠、肺等器官也开始形成。同时早期供给胎宝宝营养的胎盘、绒毛和脐带也在这时候开始工作了。

宝贝计划：恭喜怀孕了

◎ 月经被喊"停"

通常情况下，只要是正值生育年龄的孕妈妈，月经正常，在性行为后超过正常经期两周未来月经，就有可能是怀孕了。但并不是月经没有来就一定是怀孕了，月经没有来的原因有很多，所以最好还是要经过医生的诊断，才是最安全的。

◎ 乳房胀、痒、痛

怀孕后，体内的荷尔蒙发生变化，孕妈妈逐渐会出现乳头增大、乳晕加深、乳房膨胀的现象，并且还会感觉乳房出现月经前那样的刺痛和瘙痒感，偶尔压挤乳头还会有淡黄黏稠的液体产生。这些都是做母亲的必然经历，虽然感觉不太舒服，不过这也是在为哺乳做准备。

◎ 恶心、呕吐频来袭

大多数怀孕初期的孕妈妈都时常会有恶心、呕吐的感觉，尤其是在一天的刚开始。但这些症状因人而异，有些人的症状相当轻微，有的则很严重。除非是恶心、呕吐得非常厉害，才需要就医，否则这些都是怀孕初期的正常现象。

◎ 瞬间变身成"觉皇"

受体内荷尔蒙分泌变化的影响，孕早期的孕妈妈会感到身体疲乏，眼皮经常"打架"，常常哈欠连天，活像一只瞌睡虫。这种现象通常会延续到妊娠4个月后才会有所缓解。

妈妈的爱：警惕那些危险食物

当一个孕妈妈正在幸福地孕育下一代时，

她有更多需要注意的事情，比如，孕妈妈要小心，很多食物会让你的胎宝宝悄悄流走。

寒性滑利之品：如黑木耳、山楂、荸荠、薏米仁、马齿苋等，对子宫肌有兴奋作用，能促使子宫收缩，有诱发流产的可能。

有堕胎作用的水产品：如螃蟹、甲鱼、海带等有较强的通血络、散瘀块的作用，因而有堕胎之弊。

热性食物：如羊肉、狗肉、鹿肉、麻雀、海马、香菜、荔枝、桂圆等。

辣妈加油：缓解疲劳找回活力

疲劳是怀孕的一种正常感觉，因为孕妈妈的身体为了孕育胎宝宝正在非常辛苦地工作。感觉累、疲倦甚至筋疲力尽都是很正常的，尤其是在怀孕的头几个月里，孕妈妈的身体正在渐渐习惯快速变化的荷尔蒙水平。

◎ 少吃多餐，尽量不要少吃任何一顿饭，特别是早餐，避免低血糖。

◎ 无论如何疲倦难当，都不要以咖啡、浓茶、可乐、糖果、蛋糕来振奋精神。不可过度劳累，多休息，睡眠要充足。

◎ 尽可能保证营养丰富的饮食，每餐都要吃充足的新鲜食物、水果、蔬菜和蛋白质，为身体提供重要的营养物质，以满足孕妈妈和胎宝宝的需要。

不能不说的秘密：妊娠月经

怀孕后还会来月经？听起来有些荒唐可笑吧？其实，这是妊娠月经，顾名思义就是在怀孕期间还会来的月经。但这个并非真正意义上的月经，而是在怀孕的前3个月还会有少量的流血。

小贴士

小心，阴道异常出血

先兆流产、宫外孕妈妈的阴道出血，通常和月经周期无关，并且多是淋漓不尽地出血，患者还常伴有腹痛、小腹坠胀等症状。所以，如果育龄期女性遇到上述阴道出血情况，要及早就诊，否则宝宝可能流产，孕妈妈也可能有大出血，甚至有死亡的危险。

孕期营养：血虚贫血滋补餐

妊娠期贫血对胎宝宝有很大影响，贫血的时候组织供氧减少，胎宝宝在子宫内的生长发育就比较慢。严重的贫血还会让胎盘缺氧，发生早产，甚至发生胎死宫内的不幸。血虚、贫血的孕妈妈，可适当吃些红枣、枸杞、红小豆、动物血、肝脏等。

营养加油站
猪血豆腐煲

原料：猪血200克、豆腐150克、大枣数个、姜、葱、蒜、盐、味精、料酒、香油各适量。

做法：

1. 将大枣用刀背拍裂后浸泡于清水中，去核；猪血洗净，切方块；豆腐切方块。

2. 锅内放入适量水，加入大枣，先用大火煮开，再转小火熬15分钟，然后再转大火煮沸。

3. 加入猪血和豆腐；待再度煮沸时加盐、葱、胡椒粉、香油等调料即可食用。

功效：猪血中含有人类不可缺少的钙、铁、钾、锌等微量元素，具有很好的造血功能，豆腐富含大豆蛋白和卵磷脂，孕妈妈常吃，既防治缺铁性贫血，又增补营养。

胎教密语：用爱呼唤出亲密

孕妈妈和准爸爸可以与胎宝宝进行语言沟通，胎宝宝的听觉器官发育得比较完善后，对声音刺激变得敏感了，并且已经有了记忆和学习的能力。因此，孕妈妈要时刻牢记胎宝宝的存在，而且经常与之谈话，这是一项十分重要的行为。

◎ 给胎宝宝起个名字

呼唤之前，先要给胎宝宝起个乳名，要经常呼唤胎宝宝的名字，和胎宝宝说话。这样做，一方面可以把父母的爱传递给胎宝宝，有利于亲子感情交流的形成；另一方面还可以使胎宝宝记住自己的名字，出生后呼唤他时，他会感到熟悉、亲切并有安全感。

◎ 和胎宝宝一起感受

要把生活中的一切活动和事物都讲给胎宝宝听，使亲子间的纽带更牢固，并培养胎宝宝对母亲的信赖感及对外界感受力和思考力的基础。

◎ 准爸爸对胎宝的呼唤很重要

准爸爸的声音更易被胎宝宝所接受，通过与胎宝宝讲话，可以培养父子感情。并且，准爸爸对胎宝宝进行胎教，还可增加夫妻感情。

第5周

也许你开始会常常感觉没有力气，还总是恶心、想吐，有时候还要经常跑厕所。这么多变化让你多少有些不开心，但千万别有坏情绪，否则胎宝宝会感受得到的。不妨告诉自己，宝宝平安，一切都好。

胎宝成长笔记

本周胎宝宝细胞迅速分裂，已具有萌芽状态的手、脚和尾巴，主要的器官，如肾脏和肝脏也开始生长。连接脑和脊髓的神经管也开始工作。胚胎的上面和下面开始形成肢体的幼芽，将来会形成胎宝宝的手和腿。将来会形成嘴巴的位置的下方有些小的皱褶，它将来会发育成胎宝宝的脖子和下巴。

宝贝计划：我的妊娠日记

妊娠日记就是孕妈妈本人或家人把孕妈妈在妊娠期间所发生的，与孕期保健有关的事情记录下来。记妊娠日记可以帮助孕妈妈掌握孕期活动及变化，帮助医务人员了解妈妈在妊娠期间的生理及病理状态，为及时处理异常情况提供依据，可以减少因记忆错误而造成病史叙述不当，导致医务人员诊断失误。

以后，你的胎宝宝可能会很高兴知道这样一段来历和记录。当宝宝将来成长到适当年龄来欣赏每周妊娠日记时，这将会提供给宝宝某些他所珍爱的东西。

小贴士

妊娠日记主要内容明细

末次月经日期：可推算预产期和测定胎宝宝生长发育的情况。

妊娠反应出现和消失的时间：除记下开始反应的日期外，还应记录反应程度，何时消失，是否进行治疗。

第一次胎动的日期：坚持每日计数胎动1小时，最好在每晚临睡前进行。若是胎动次数减少或停止，应及时记录，并及时去医院检查。

妊娠各期检查的情况：把每次检查的结果记录下来，把有关的病历和化验单保存好，便于医生参考。

孕期患病、用药等情况：应记录疾病的名称，患病的起止日期，医生的治疗方法，服过什么药，用药量和用药天数。

孕期并发症：具体的症状表现及就医治疗情况。

妊娠期有无阴道出血或流水：出现这些情况，除记下时间外，应及时到医院检查。

其他事情：包括生活习惯的改变，精神状态如何，有否外出旅行，有否受过重大精神创伤或外伤，以及孕妈妈的体重、工作情况等。

妈妈的爱：危险期避开病毒杀手

孕早期胚胎对外界因素最敏感，孕期的前3个月是胚胎发育成胎宝宝的过程，假如在这个时期受到环境、药物及病毒感染等外来影响，胎体任何一个部位都可能不发育或向异常方向发育。

风疹病毒：该病毒是传染性最强的致畸因子，亦是致畸作用最明显的一种病毒。

巨细胞病毒：此病毒普遍存在于人体中，从怀孕早期到后期，孕妈妈都可能被此病毒感染。

单纯疱疹病毒：此病毒常存活于正常人体中。当人体抵抗力减弱时，就有可能发病。

流感病毒：普通感冒一般对胎宝宝的影响不大。但流感病毒传染性强，受感染后常会出现高热、头痛乏力等，症状一般较重，患者体力消耗大，恢复也慢。

辣妈加油：正确保胎，远离流产

"生个健康宝宝"是每个孕妈妈心里的渴望。然而，孕妈妈孕育胎宝宝的过程，既充满希望和快乐，又不可避免地存在危险。特别是在孕早期，很多孕妇都是在这个阶段失去了腹中的胎宝宝。如何保住胎宝宝呢？只要方法正确，保胎很轻松。

小贴士

孕妈妈保胎6计

1. 加强孕期检查。如有症状，要及时去医院就诊。

2. 孕早期和孕晚期一定要避免性生活。

3. 尽量少去公共场所和人群聚集的地方，避免被细菌感染。

4. 整个孕期要适当休息，避免剧烈运动，不要长期蹲着，不要经常做举高、伸腰的动作。

5. 调整好自己的情绪，保持良好的心情和精神状态，准爸爸和家人要多体谅孕妈妈。保护肚里的胎宝宝，需要孕妈妈和准爸爸一起来小心注意。

6. 饮食要清淡，营养均衡。必须保持大便通畅，尽量少食多餐，不吃辛辣的食品，避免肠胃不适。远离烟酒。

妙招应对早孕反应来袭

早孕虽说反应不是病，但这种不适感却让多数孕妈妈很难受，必须要想尽招数来缓解：

孕妈妈信心加油站：孕妈妈应学习保健知识，充分认识早孕反应，解除心理负担。丈夫的体贴，亲属、医务人员的关心也能解除孕妈妈的思想顾虑，增强孕妈妈战胜妊娠反应的信心。

挑动味蕾的饮食：注意食物的形、色、味，使其引起食欲。在能吃的时候，尽可能吃想吃的东西，多吃些富含纤维素和维生素B_1的食物防止便秘，以免加重早孕反应的症状。

舒缓运动来减压：适当参加一些轻缓的活动，如室外散步、做孕妈妈保健操等，都可改善心情，强健身体，减轻早孕反应。

胎教密语：孕早期，胎教开始了

早孕反应是正常的生理现象，怀孕3个月后会逐渐消失。而在怀孕的前3个月，孕妈妈的生理反应，如恶心、呕吐、乏力、食欲不振等，往往影响孕妈妈的心情、情感与心理平衡，表现出烦躁、易怒或易激动、抱怨等情绪。

孕早期胎教的关键：此阶段既是胎教的刚刚开始阶段，又是胚胎各器官分化的关键时期。孕妈妈的情绪可以通过内分泌的改变影响胎宝宝的发育，孕妈妈在怀孕早期的不愉快心情，往往可以借助母子沟通的方式而影响胚胎。因此，怀孕早期保持健康而愉快的心情，是这一时期胎教的关键。

孕早期胎教基本原则：胎教要从孕妈妈保持良好情绪做起。如果夫妇双方或孕妈妈对早孕反应过于敏感和紧张，往往会对怀孕早期的正常生理变化产生焦虑和不安，甚至反感和厌恶。这种情形很不利于胚胎早期的健康形成，不利于胎宝宝的身心健康和发育。

营养加油站
陈皮卤牛肉

原料：牛肉500克，陈皮15克，葱、姜、糖、酱油各适量。

做法：

1. 把陈皮用水稍微泡软，葱洗净切段；牛肉洗净切成薄片，加酱油拌匀，腌10分钟。

2. 将腌好的牛肉一片一片放到热油里，油炸到稍干一些后放入陈皮、葱、姜、爆香，然后加入酱油、糖、水和牛肉稍炒一下。

3. 把牛肉取出，放入拌好的卤料，即陈皮、葱、姜、酱油、糖，炖至卤汁变稠即可食用。

功效：牛肉富含B族维生素，可缓解孕吐和疲劳，而陈皮也有助于减轻孕妈妈的恶心感。

孕早期胎教基本内容：主要是进行情绪调整，对胎宝宝进行感官良性刺激。除了孕妈妈的个人情绪调整以外，可以按照胎宝宝感觉机能发育的顺序，给予胎宝宝适当超前的良性感官刺激。

第6周

孕妈妈的身体能够觉察到怀孕的迹象了：孕妈妈胸部感到胀痛，恶心的感觉更强烈了。现在孕妈妈情绪可能会波动很大，有时会很烦躁。需要提醒孕妈妈的是，任何不好的情绪对于幼小的胎宝宝来说都是不良打扰哟。

胎宝成长笔记

进入怀孕第6周后，在你的子宫里，胚胎正在迅速地成长，他的心脏已经开始划分心室，进行有规律的跳动及开始供血。这周的细胞还在迅速地分裂，主要器官包括初级的肾和心脏的雏形都已发育。心脏、血管也已产生了向全身输送血液的能力。

宝贝计划：健康检测新手段

超声波产前诊断：无痛苦、快速（半小时以内），可以反复检查但是早期尽量少做。对明显的肢体畸形、无脑儿、胎儿内脏畸形、胚胎发育异常、小头畸形以及羊膜腔穿刺时的胎盘定位，具有很高的诊断价值。

羊膜腔穿刺：穿刺时用穿刺针穿过孕妈妈的腹壁刺入宫腔吸出少许羊水，进行羊水细胞和生物化学方面的检查。用于确诊胎儿是否有染色体异常，以及某些能在羊水中反映出来的遗传性代谢疾病。穿刺时间应在妊娠18~23周内进行。

绒毛细胞检查：它主要用一根细细的塑料管或金属管，通过孕妈妈的子宫口，沿子宫壁入内，吸取少量绒毛进行细胞学检查。怀孕40~70天，是进行检查的最佳时间。主要用于了解胎儿的性别和染色体有无异常，准确性很高。

X射线检查：众所周知，X射线对胎儿有一定的损伤，但这主要是在妊娠早期。开展超声波检查以后，X射线检查已很少用于产前诊断了。但X射线检查在观察胎儿的骨骼发育方面，具有其他检查手段所不可替代的优点。在妊娠晚期，医生怀疑胎儿骨骼发育异常时，往往需要用到这一检查手段。

小贴士

羊膜腔穿刺适用人群

1. 35岁以上高龄孕妇、夫妇一方曾有染色体异常或先天性代谢障碍家族史、性连锁遗传病携带者需确定胎儿性别、曾分娩神经管缺损儿或母血清甲胎蛋白值明显升高者。

2. 对高危妊娠为保障母儿安全需提前终止妊娠引产者，可从羊水检测了解胎儿肺、肝、肾等功能成熟情况。

3. 怀疑有母儿血型不合溶血症者，可检查羊水中的胆红素、雌三醇。

妈妈的爱：为胎宝宝建立《围产保健卡》

第1步：确诊怀孕。如女方1个半月不来月经，应去医院检查是否怀孕。

第2步：申领《生殖健康服务证》。如确诊怀孕，女方凭单位或居委会证明、户口簿、男女双方身份证、结婚证和医院怀孕诊断书、女方单人照1张，到女方户籍地街道计生办领取《生殖健康服务证》。

第3步：申领《生育医疗证》。城镇企业女职工凭身份证、《生殖健康服务证》，由用人单位向社保机构申领《生育医疗证》。

第4步：建立《围产保健卡》。持户口簿、《生殖健康服务证》《生育医疗证》在妇幼保健机构建立《围产保健卡》，进入孕妈妈系统管理。

辣妈加油：小心异常妊娠

早孕期间，由于怀孕后的激素变化，约有半数孕妈妈在停经40天左右开始有早孕反应。还有少数孕妈妈会出现异常现象，需要多加注意、细心观察，发现情况及时就医。

◎ 妊娠剧吐早就医

妊娠剧吐与普通早孕反应的孕吐不同，表现为恶心、呕吐频繁，不能进食，喝水也吐，时间不限于早晨，持续时间长。孕妈妈会感到极度乏力，体重明显下降，皮肤干燥，尿量减少，甚至低热、心慌，懒于说话，严重者可昏睡，甚至意识不清或出现黄疸，表明严重脱水、电解质紊乱。这种状态会影响孕妈妈健康和胎宝宝发育，需尽早就医。

◎ 出血并伴随腹胀、腹痛要立即去医院

怀孕初期，有10%~15%的孕妈妈常会有血样状的阴道分泌物或阴道出血，有的还伴有轻微下腹疼痛，这样的情况称之为"先兆性流产"。妊娠初期有的腹痛是由于子宫胀大使得支撑子宫的韧带和肌肉伸展而引起的，这种情况属于生理性现象，不必担心。需要警惕的是，少量出血的孕妈妈中，有少数是异位妊娠或宫外孕。除出血症状以外，小腹疼特点是在下腹一侧，并伴有肛门坠胀感，严重时会突然昏厥，甚至休克。

孕早期异常腹痛早识别

孕期腹痛是孕妈妈遇到的常见症状，哪些腹痛是正常的生理反应，哪些是身体提出的疾病警告，孕妈妈应谨慎对待。

◎ 绿灯：疼痛的位置并不固定，左下腹或

右下腹，疼痛间隔持续很短，经过医生检查确定没有其他异常，通常并不需要特别治疗。

◎ 红灯：如宫外孕。宫外孕占到孕妈妈的3%~5%，如果不注意及早发现症状并处理，有可能危及到孕妈妈的生命。如果单侧下腹部剧痛病并伴有阴道出血、出现昏厥，或出现轻度收缩、疼痛，但子宫颈未扩张且有少量出血等，就要迅速就医，尽早识别治疗。

孕期营养：巧补维生素B$_6$

对于受孕吐困扰的孕妈妈来说，维生素B$_6$便是妊娠呕吐的克星。维生素B$_6$在麦芽糖中含量最高，每天吃1~2勺麦芽糖，不仅可以抑制妊娠呕吐，而且能使孕妇精力充沛。除此之外，富含维生素B$_6$的食品还有马铃薯、黄豆、胡萝卜、核桃、花生、菠菜等植物性食品。动物性食品中以瘦肉、鸡肉、鸡蛋、鱼等含量较多。

营养加油站
鸡丝菠菜粥

原料：白米、燕麦、鸡胸丝、菠菜、盐、胡椒粉、芝麻油。

做法：

1. 白米和燕麦各一小把，加水煮至软糯。

2. 加熟鸡胸丝、烫好的菠菜、盐、胡椒粉、芝麻油，再次煮滚后关火即可。

功效：菠菜中含有大量的β胡萝卜素和铁，也是维生素B$_6$、叶酸、铁和钾的极佳来源。

胎教密语：胎教需配合宝宝成长步伐

胎教的前提是胎宝宝能感应到外界的环境因素，因此，配合胎宝宝的成长步伐进行胎教，效果也会相对较好。

孕2月起，胎宝宝在羊水中会进行类似游泳般的运动。

孕3月起，胎宝宝会吸吮手指，虽不熟练，但只要是能碰到嘴的，胎宝宝都会吸吮。

孕4月起，胎宝宝的小耳朵可听到子宫外的声音，当听到巨大的声音时会感到吃惊。

孕5月后，脑的记忆能力开始，胎宝宝反复听到孕妈妈的声音时，就能辨别这种声音，由此产生一种安全感。且能熟练地吸吮手指，只要吸到手指，可以很认真地持续下去，其神态似乎在品尝手指的味道。

孕6月后，此时孕妈妈也常感到强烈的胎动，这是胎宝宝正在用自己的脚踢子宫壁，脚的剧烈运动使羊水晃动，从而刺激胎宝宝的皮肤，向大脑传递冲动，促进发育。

孕7月后，胎宝宝具有视物的能力，对外面的声音会反应出喜欢或讨厌。

孕8月时，胎宝宝能听出音调的高低及强弱，味觉系统已很发达。子宫收缩或受到外界压迫时，胎宝宝会猛踢子宫壁进行抵抗。

孕8月后，胎宝宝开始感受到孕妈妈的情绪，将和孕妈妈共同分享喜悦和爱。

第7周

胎宝宝还不稳定，只有豆子那么大。孕妈妈的体能消耗逐渐加大，你也许会经常觉得饥饿，人也变得有点儿懒懒的。作为孕妈妈，保持愉悦的情绪非常关键，同时别忘记向你肚子里的胎宝宝传递"爱的信息"。

胎宝成长笔记

怀孕进入第7周了，这时的胎宝宝已经长得像一颗豆子般大小，大约有13毫米。通过超声波图，会发现胎宝宝有着一个与身体不成比例的大头。且面部器官十分明显，眼睛就像一个明显的黑点，鼻孔大开着，耳朵有些凹陷。手和脚看起来像小短桨一样。虽然还听不到胎心音，但是胚胎的心脏已经划分成左心房和右心室，并开始有规律地跳动，每分钟大约跳150下。

宝贝计划：传统中医保健法

孙思邈在其《备急千金要方》中，提出了他对妇女怀胎十月的保健和胎教建议：

第1个月为"始胚"

饮食上多吃大麦类的食物，少吃有腥味和辣味的东西，以熟食为主；生活上要避免劳累及心情不安或恐惧。

第2个月为"始膏"

孕妈妈饮食上要忌吃辛辣和热性的食物，居住环境以不吵闹为宜，房事能免则免。

第3个月为"始胎"

这个月因是胎儿成形期，更要调适心情，尽量不要悲伤、忧虑、生气，以免惊动胎气。

第4个月"始受水精以成血脉"

宜多吃壳类食物和鱼，以使胎儿盛血气以通耳目，而行经络。需"节制饮食"。

第5个月"始受火精以成其气"

可多吃米饭、面类，不可饿过头或吃太饱，不宜吃热性或易口渴的食物，也不要太劳累。

第6个月"始受金精以成其筋"

此时孕妈妈可以在不疲累的前提下多走

动。饮食上可以尝试各种食物,以培养胎儿全方位的口味,避免未来偏食。

第7个月"始受广精以成其骨"

孕妈妈要多做些摆动四肢和伸展的动作,居住的环境要避免燥热,要避免食用性寒的食物。另外还要避免生气,衣着要注意保暖,不要吃冷的和冰的食品。

第8个月"始受土精以成肤革"

要常保心平气和、不生气,饮食忌热,方能使胎儿皮肤健康有光泽。

第9个月"皮毛成六腑百节"

胎儿的各器官功能都已成熟,头发、手脚和指甲快速生长,可多吃甜的食物。

第10个月"五脏俱备,六腑齐通"

放松心情,万事皆备,静待宝宝的到来。

妈妈的爱:有氧运动好处多

虽然孕早期因为担心流产,不主张孕妈妈剧烈运动,但一般来说,怀孕期在16周之内的孕妈妈适当做些有氧运动对胎宝宝有好处。因为运动后体温上升,会通过胎盘对胎宝宝形成"热保护机制",这种上升的体温能抵消母体过热对胎宝宝的影响,保证胎宝宝一直处于稳定的生长环境当中。

游泳更是孕妈妈的首选运动,可以促进血液流通,让胎宝宝更好地发育;孕期经常游泳还可以改善情绪,减轻妊娠反应,促进神经系统的发育;水里浮力大,游泳还可以帮助孕妈妈减轻关节的负荷,消除瘀血、浮肿和静脉曲张等问题。

小贴士

早孕妈妈游泳安全须知

游泳前需先咨询医生自己是否适合游泳,尽量选择卫生条件好、人少的游泳池,下水前先做一下热身,下水时戴上泳镜,尤其要防止别人踢到胎宝宝。游泳中出现不适,应立即停止。如出现阴道分泌物增多或出血,需立即去医院。

辣妈加油:小心! 流产危险期

孕早期,由于胚胎刚刚种植到宫腔中,胎盘尚未完全形成,所以胎宝宝和妈妈的连接还不稳定,这时候比较容易发生流产。

要避免剧烈运动:不论是做家务,还是运动,孕妈妈都应以轻松、缓慢的方式进行,激烈的运动要尽量避免,如跳跃、扭曲、快速旋转等。

减少夫妻性生活的次数:对于那些有流产史或早孕期间有先兆流产迹象的孕妈妈,应避免夫妻性生活。这是因为由于外力的撞击会引起子宫的收缩导致流产。

情绪激动和波动会诱发子宫收缩:缓和情绪反应,不紧张,不兴奋,调整工作压力。

有习惯性流产的孕妈妈应安排详尽检查,包括B超、血液特殊抗体、内分泌荷尔蒙测定和夫妻双方血液染色体分析等。

孕妈妈外出安全警示录

怀孕早期是一个非常特殊的时期,因为刚

刚形成的胚胎对于外界的很多因素和刺激异常敏感。所以，一定要在生活中遵守"纪律"，加倍呵护自己，以免导致胎儿畸形或流产。

尽量不走颠簸的道路。在颠簸不平的路上骑车、乘坐公交车或从事乘务员工作等，容易因剧烈震动或过于劳累而引发流产。

不独自出远门。不得已出远门，应先征求医生意见，并进行一下诊察。同时，身边一定还要有其他人陪伴，能够对孕妈妈加以照料。

换掉高跟鞋或不合脚的鞋。孕早期胎儿还不稳定，外出时如果还穿不合脚的鞋子，一旦摔倒容易引发流产。

不宜做剧烈的活动。一定要选择适宜的活动，如游泳、散步、慢走等。活动时要格外小心，不能奔跑、登山，以免过于激烈引起流产。

乘飞机出行不安全。飞机起降速度快，气压差剧变以及高空气压的影响，会对孕妈妈带来一些麻烦，所以，乘飞机出行一定要慎重。

孕期营养：科学膳食计划

生一个健康聪明的宝宝，是每个孕妈妈的最大心愿。科学膳食有助于母胎健康。

蔬菜是孕妈妈必吃食品之一，菠菜尤其值得推荐，它含有丰富的叶酸，可降低胎儿脊髓分裂、脑积水、无脑等神经系畸形。不过，菠菜富含草酸，而草酸可干扰人体对铁、锌等微量元素的吸收，可先将菠菜放入开水中焯一下，吃起来就安全了。

胎教密语：给他哼首爱的小曲

孕妈妈经常唱歌，可有助于胎儿体格生长

和智力发育。

轻声哼唱：特别适合胎宝宝在腹内烦躁不安，胎动过于频繁时。让胎宝宝静听你的歌声，从而达到母子之间心音的和谐共鸣。

纵情高歌：特别适合胎宝宝过于安静，胎动太少时。让胎宝宝随妈妈的歌声活动，感受到妈妈在向他倾诉满腔柔爱。

小贴士

胎宝宝喜欢歌曲类型

胎宝宝"喜闻乐见"的歌曲旋律具有舒缓、优美的特点，而那些激烈悲壮的乐曲或者噪声，则会使胎儿烦躁甚至乱动。因此，孕妈妈宜多哼唱舒缓、明快，类似于胎儿心音节奏的歌曲。

第8周

孕妈妈是不是更明显地感受到"害喜"的滋味了? 还没去接受过产前检查的孕妈妈, 这周一定要开始第一次产前检查哟! 孕妈妈一定也很激动, 按捺不住想去了解腹中胎宝宝的可爱变化了吧?

胎宝成长笔记

这周胎宝宝大约有16毫米长了, 看上去像颗葡萄。他的器官已经开始有明显的特征, 手指和脚趾间看上去有少量的蹼状物。这一阶段会看到他像跳动的豆子一样开始有运动。但因为骨髓还没有成形, 现在还需要由肝脏来生产大量的红细胞。

宝贝计划: 带孕工作好处多

◎ 保持良好心态

孕期坚持工作能使孕妈妈保留原来的社交圈, 那些作为过来人的女同事会提供相当数量的育儿经验供你借鉴, 让你体会到别样的温暖。

◎ 缓解妊娠反应

上班族因为有良好的工作、生活习惯, 妊娠反应也会有所减轻, 而且集中精力工作也是缓解妊娠反应的一种有效办法。

◎ 减少"致畸幻想"

由于妊娠反应和体质的变化, 孕妈妈在兴奋之余, 会有一些担心, 不知胎宝宝是否健康? 这种担心在一个人独处时会明显加重, 而忙碌会冲淡这种担忧。

◎ 促进胃肠蠕动, 减少便秘发生

孕妈妈因为生理原因, 胃肠蠕动减弱, 如果没有外出工作的动力, 人会变懒, 而"懒惰不思动", 活动减少, 则更易出现消化机能降低, 将导致体重激增和便秘发生。

◎ 利于分娩, 易于产后恢复

孕期坚持上班, 有利于拓展孕妈妈的骨盆, 增强腹部与腿部的韧劲, 易于保持体重和体形。

妈妈的爱: 高龄孕妈的优生策略

虽然高龄孕妈妈在怀孕过程中易发生流产、早产、妊娠期高血压疾病等, 但只要平时多

注意，定期产检，遇到问题及时调理，一样可以安心生出优质宝宝。

◎ 高龄孕妈妈必须要做的6大检查

羊膜腔穿刺术：检测胎宝宝有无染色体异常。

血糖筛查试验：应在怀孕24~28周进行血糖筛查试验，这是发现妊娠期糖尿病非常重要的手段。

超声波检查：高龄孕妈妈在怀孕期间至少要做5~6次B超检查，不仅可了解胎宝宝的发育状况，还可排除非常严重的畸形，如心脏、脑室结构畸形等。

胎心监护：怀孕最后1个月，有条件应每周做1次胎心监护，以了解胎宝宝在宫内的安危。

骨盆测量：在怀孕晚期，高龄孕妈妈应接受产科医生所做的骨盆测量，并结合胎宝宝的大小来决定分娩的方式和时机。

监测血压：孕期定期监测血压，如出现头痛、腿肿、血压升高等情况，应尽快去医院诊治。

辣妈加油：看懂特殊产检报告

羊水径线：在你阅读B超单时，如果在羊水径线中只给出1个数值，那么一般是AFV；如果画出十字，分别写出4个数字，把它相加就是AFI。

羊水过多：AFV大于7厘米，AFI大于18厘米。

羊水过少：AFV小于3厘米，AFI小于8厘米为羊水过少临界值，小于5厘米为羊水过少绝对值。

胎心：正常值为120~160次/分钟。孕晚期正常值为110~160次/分钟。

脊椎：胎宝宝脊柱连续为正常，缺损为异常，可能脊柱有畸形。

胎盘：当胎盘位置过低或过早从子宫剥离时B超单都会特别提示，当B超单没有特别提示时，千万不要为它长在前面还是后面而担心。

胎位缩写：胎位是指胎儿先露的指定部位与母体骨盆前、后、左、右的关系。顶先露缩写为O（枕骨），臀先露缩写为S（臀骨），面先露缩写为M（下颌骨），肩先露缩写为Sc（肩胛骨）。左侧为L，右侧为R。

第一次产前检查

如果孕妈妈还没有检查过，现在你要进行第一次产前检查了。

病史询问：医生会详细地询问你的年龄、职业、月经史及继往孕史、过去病史，进行全面的体检，包括产科检查，并配以必要的辅助检查等。

身体检查：医生会检查孕妈妈的发育、营养及精神状态，并记录孕妈妈的体重、血压的数据，供日后参考。医生还常将检查的结果，包括血压、体重、子宫底的高度、腹围等，绘成一张怀孕图，并把以后的检查结果也记录于图上，制成曲线图，观察其状况，以及早发现孕妈妈和胎宝宝的异常状况。

产科检查：检查孕妈妈的骨盆腔和生殖器官的情况，对之后的怀孕进展和分娩做出评估。

孕期营养: 巧补维生素A

维生素A如果严重缺乏，婴儿心脏畸形的风险将增大，先天性心脏病的患病率增高。但在孕早期，由于孕激素水平相对较低，加之妊娠反应与呕吐，会使得血清维生素A水平下降。因此，早孕妈妈要尽量多吃富含维生素A的食物，如胡萝卜、南瓜、青椒、小白菜、油菜、鸡蛋、牛奶、海产品和豆类等。

小贴士

维生素A并非多多益善

如果妊娠反应重或呕吐频繁，进食不足，可考虑药物补充维生素A，即鱼肝油丸，但应在医生指导下服用，防止盲目或过量补充而致维生素A中毒的发生。

营养加油站
三色豆腐羹

原料: 豆腐200克、荠菜50克、火腿丝若干，高汤、水淀粉、葱花、盐、鸡精、食用油、香油各适量。

做法:

1. 豆腐切成丁，放入开水中焯一下，捞出，用冷水淋一下，沥干水分。

2. 荠菜择净，用开水焯一下，用冷水凉透，沥干水分，剁成细末。

3. 油锅上火，烧四成热，放入葱花、姜末，倒入荠菜末，煸炒，放入豆腐、水、盐、味精，煮沸后，用湿淀粉勾芡，撒上火腿丝即可食用。

功效: 这道菜色艳味美，滑嫩可口，富含维生素A及蛋白质，具有和中健脾的功效。

胎教密语: 语言胎教的形、声、意

胎宝宝的思维带有很大的直观性和形象性。语言胎教，一定要体现形象性和形象美的要求，尽量做到形象、声音、情感的结合。

讲解要视觉化。不能对胎宝宝念画册上的文字，而要把每一页的画面细细地讲给胎宝宝听，把画的内容视觉化。

将音、像同时讲给胎宝宝。先在头脑中把所讲的内容形象化，像看到影视的画面一样，然后用动听的声音将头脑中的画面讲给胎宝宝听。这样的话，就是"画面语言"。

融入情感，创造情景相生的意境。到公园里散步，一边走一边看，感到轻松愉快，有一种安详、宁静的情绪荡漾在心头。这时，你就用这样的心情把所见所闻讲给胎宝宝听: 儿童乐园里的小朋友们玩得多么高兴，他们在笑，他们在跳，他们胸前的红丝巾迎风飘。

第9周

恭喜，这周的你已荣升为真正意义上的孕妈妈。因为从现在开始，胚胎就可以称为"胎儿"了。可欣喜之余，你是不是觉得嘴里没味，那就在控制食盐量的基础上，给自己做道营养餐，享受美好心情吧！

胎宝成长笔记

8周过去了，曾经脆弱的小胚胎从现在开始可以称为"胎儿"，也可以称之为"小胎宝宝"了，大约有25毫米长了。而且胎儿的许多器官也都发生了改变，如胚胎期的小尾巴不见了等。所有的器官、肌肉、神经开始工作了。

宝贝计划：合理安排B超检查

孕早期(特别是孕8周以前)： 胎儿各器官形成的关键时期，也是容易导致胎儿畸形的重要阶段，故此时期不要过多地做B超。但对于月经周期不规律的孕妇，停经8周左右应做一次B超，以便准确核对预产期。

孕12～14周， B超测量胎儿颈项透明层厚度(NT)，NT增厚与染色体异常有关。

孕中、晚期： 胎儿各器官已经形成，B超检查还是相对比较安全的。从孕20周起就应定期进行B超检查。

孕20周左右： 观察胎头、脊柱、心脏、肺、胃肠、双肾、膀胱、外生殖器、四肢，此时，胎儿四肢舒展，是四肢等大的畸形检查的最佳时期。

孕24～32周： 重点观察胎儿鼻唇部、心脏。可发现鼻唇部、心脏的畸形情况。

孕37周至足月妊娠： 注重胎位、脐带、羊水、胎盘分期、估计胎儿大小，通过脐血流了解胎儿安危。

小贴士

特殊情况特别处理

一般情况下，孕期做5～6次B超检查就足够了，但如果孕期出现腹痛、阴道流血、胎动频繁或减少等异常，及胎位不清时，还需根据医生检查情况酌情做B超检查。

妈妈的爱：谨防阴道炎

阴道炎是妇科常见疾病，怀孕后患阴道炎有可能造成羊膜感染等，会伤害到胎宝宝。

◎ 霉菌性阴道炎

表现为白带增多、稠厚，呈白色豆腐渣状或凝乳样。外阴和阴道瘙痒、灼痛，排尿时疼痛，伴有尿急、尿频。一般孕早期的3个月无须治疗。如果发展严重，医生会在孕3个月后酌情用药治疗。

预防办法：霉菌惧怕高温，最好每天将换下的内裤用60℃以上的热水浸泡或煮沸消毒。阴道的糖原含量高，会使孕妈妈对于霉菌的抵抗力降低，所以要将血糖值控制在正常水平。

◎ 滴虫性阴道炎

这种阴道炎在孕期比较少见。表现为白带增多，呈黄绿色或灰黄色，有臭味。外阴瘙痒、灼热、疼痛。炎症侵及尿道可出现尿频、尿急、尿痛，甚至尿血。孕前期的3个月中不主张治疗。之后，医生会根据轻重程度，对孕妈妈进行安全用药。

预防办法：滴虫感染的直接途径就是孕中期的性传播。因此孕中期性生活前，丈夫最好也到医院检查治疗。为避免重复感染，每日对毛巾、内衣进行煮沸消毒。

◎ 细菌性阴道病

表现为白带增多，黏稠均匀，呈酸奶状，有胺臭味（像臭鸡蛋的味道），伴有外阴瘙痒或烧灼感。

预防办法：内裤每日烫煮，避免重复感染。

辣妈加油：多胎孕妈优生有法

多胎孕妈妈母体处于超负荷状态，如果不加注意，会发生许多并发症，如早孕反应较重，晚期出现压迫症状；易出现贫血，发生早产；分娩时易导致孕妈妈或婴儿的死亡。

小贴士

多胎孕妈妈也能优生

多胎孕妈妈在确定妊娠后应定期产检，争取早期确诊双胎妊娠；加强营养，补充足够的蛋白质、维生素、铁剂、叶酸、钙剂等，预防贫血和妊娠期高血压疾病；孕晚期避免过度劳累；减少早产和围产期死亡率。

巧解孕期腹胀便秘

改变饮食习惯。可采用少食多餐的进食原则，每次吃饭时不要吃得太饱，可有效减轻腹部饱胀的感觉。除了适当控制蛋白质和脂肪的摄入量之外，在烹调时添加一些大蒜和姜片，也可以减少腹内气体的产生。

适当增加每天活动量。饭后散步是最佳的活动方式，可帮助排便和排气。

简单按摩缓解腹胀。温热手掌后，顺时针方向从右上腹部开始，接着以左上、左下、右下的顺序循环按摩10~20圈，每天可进行2~3次。注意按摩时力度不要过大，并稍微避开子宫的位置，也不要在用餐后立即按摩。

充足补水促排便。每天早上起床后可以先补充一大杯温开水，有促进排便的功效。也可

以加入一点儿蜂蜜或多吃富含膳食纤维的食物，帮助肠道蠕动，促进排便。

孕期营养：孕期饮食要少盐

是不是觉得嘴巴没味道，所以加重了菜肴中的含盐量？盐中含有大量的钠，摄入过多容易形成水肿。因此，多吃盐会加重水肿并使血压升高，甚至引起心力衰竭。但长期低盐也会有副作用，所以建议盐的摄入量要适中，控制在每日5~6克为宜。

胎教密语：胎宝宝喜欢的音乐

科学家曾做过一个给孕妈妈听音乐的实验，2分钟后孕妈妈的心跳加快，如果在孕妈妈

营养加油站
鸡肉鲜汤小白菜

原料：鸡肉、小白菜、牛奶、葱、料酒、盐、鸡精、淀粉、鸡汤。

做法：

1. 小白菜洗净，切成10厘米的段，焯水，过凉水。

2. 油锅烧热，下葱花炝锅，烹料酒。

3. 加入鸡汤和盐，放入鸡肉和小白菜，旺火烧开后加入鸡精、牛奶，勾芡，装盘即可。

功效：这道菜含有丰富的蛋白质、钙、磷、铁、胡萝卜素和维生素，有利于补充孕妈妈对维生素和矿物质的需求。

小贴士

饮食少盐小妙招

若有两种以上菜肴，只有一种中撒盐；

炒菜时不要先放盐，菜将熟时将盐直接撒在菜上；

利用酸味刺激食欲，如用醋凉拌菜，多吃橘子、西红柿等；

做鱼、肉类食品注意色、香、味俱佳，也能增进食欲；

肉汤中含丰富的氨基酸，可以诱发强烈的食欲；

巧妙制作甜食和肉冻，花样翻新，也可使人胃口大开。

的腹部子宫位置放音乐给胎宝宝听，5分钟后发现胎宝宝也出现心跳加快，而且对音乐的高调和低调都有不同的反应。胎宝宝比较喜欢接受低缓、委婉的音乐，不愿意接受尖、细、高调的音乐。因此，应注意选择合适的音乐进行胎教。

欧美古典音乐，如莫扎特、巴赫的名曲，最适合胎宝宝听。这些古典音乐中蕴含与人体相同的旋律，它们与人脑中的阿尔法波和心跳波形相类似，节奏、速度与孕妈妈每分钟72次左右的心跳音相近，而胎宝宝对孕妈妈的心跳音最有安全、亲密感，所以很容易被孕妈妈和胎宝宝的身体所接受。

第10周

这周你的情绪波动特别大，刚刚还晴空万里，一会儿就乌云密布了。别对这种变幻莫测的情绪感到不安，其实这都很正常，还是尽量保持愉快的心情，与腹中的胎宝宝一起快乐成长吧！

胎宝成长笔记

胎宝宝的身长已经达到38毫米了。从形状和大小来看，他就像一个扁豆荚。他的眼皮开始合拢在一起，手腕已经成形，脚踝开始发育完整，手指和脚趾清晰可见，手臂更长且肘部变得更加弯曲。虽然用B超还是分辨不清性别，但他的生殖器已经开始发育，羊水生成，脐带和胎盘也已发育成熟，可以支持产生激素的大部分重要功能啦！

宝贝计划：倾听"危险心声"

羊水是胎宝宝赖以生存的外环境，被视为胎宝宝的"生命之水"。羊水量过多或过少都可能是胎宝宝在警示你——危险正在悄悄逼近！

阴道出血。妊娠之后月经停止，正常情况下整个妊娠期阴道都不会出血，一旦出现阴道出血，无论量多量少均应引起重视。

腰酸腹痛。在妊娠早、中期出现腰酸、剧烈腹痛伴阴道出血，则可能是宫外孕或先兆流产。宫外孕发生在妊娠早期，有撕裂般的强烈疼痛。而先兆流产，孕妈妈会感到腹部有明显的下坠感，疼痛不是很剧烈。

羊水量过多或过少。羊水在妊娠10周时开始出现，一般足月时正常羊水量为800~1000毫升，如果羊水量多至2000毫升以上，就称为羊水过多症，可能预示着胎宝宝中枢神经系统、心血管等方面的异常。胎内如果羊水少于300毫升，则称之为羊水过少症，可能显示胎宝宝肾脏或肺部发育不完整。

妈妈的爱：寻找神奇快乐激素

人类脑下垂体的激素可以分为两种：一种是被称为烦恼激素的坏激素，会对胎宝宝及整个子宫环境产生不好的生理反应；另一种是被称之为快乐激素的良性激素，能够让孕妈妈心情好起来，提供给胎宝宝更多、更好的养分和

氧气。以下方法可产生快乐激素：

改善生活环境。用美丽的饰品来装点你的家，添些小摆设，做些工艺品，或是更换一下窗帘的颜色。

出门旅游。游山玩水是非常好的陶冶心情的方法。最佳的出门时间就在孕期的4~7个月当中。注意出门旅游不要去离家太远的地方，时间也不宜过长。

在芳香中放松自己。香薰可以帮助孕妈妈身体和精神放松，保持快乐稳定的情绪。但不是所有的香薰精油都适合孕妈妈，购买时必须向专业人员咨询。

辣妈加油：化解3大烦心事

牙龈炎：要想平安度过妊娠期，怀孕前应到口腔科做全面的口腔健康检查，及时治疗原有的牙龈炎；注意妊娠期的口腔卫生；平时多

食含有丰富维生素和蛋白质的食物，特别要多吃富含维生素C的新鲜蔬菜和水果。

感冒：孕妈妈特别容易感冒。如果是一般的小感冒，建议多喝白开水、保持睡眠充足、注意保暖等。如果孕妈妈患的是流行性感冒，并伴随发烧等现象，则需要就医。

皮肤过敏：孕妈妈皮肤过敏通常都是由于孕期内热导致。这时候不妨用绿豆煮成汤，煮到绿豆壳稍稍开裂即可熄火，不加任何糖，只喝汤。但如果是在秋冬季节则应该少喝一些。

孕妈妈身体的奇妙变化

随着身体内激素的变化，孕妈妈体内各系统也会发生一系列的变化：腹部开始出现黑中线，即孕纹；也许面部也会出现褐色的斑块；脚越来越大；血液容量增加，容易贫血，经常感觉累，身体很虚弱；牙龈发红和流血；皮肤潮红，脸上甚至胸脯和后背都开始长痘痘；阴道分泌物增加。

小贴士

做个淡定的孕妈妈

上述变化都是怀孕后的一些正常生理表现，生完宝宝后基本都会逐渐恢复，所以不必担心，做个处变不惊的孕妈妈吧。

孕期营养：巧补镁元素

多数的孕妈妈都记得补充叶酸，却往往忽视了补充镁元素的重要性。补充镁元素不仅对胎宝宝肌肉的健康至关重要，而且还有助于胎宝宝骨骼的正常发育。近期大量研究表明，怀孕头3个月摄取的镁的数量关系到新生儿身高、体重和头围大小。此外，补充镁元素还有一大好处，那就是能很好地帮助孕妈妈的子宫肌肉恢复。其实，补镁并不复杂，在色拉油、绿叶蔬菜、坚果、大豆、南瓜、甜瓜、葵花子和全麦食品中都富含镁。

营养加油站
苦瓜酸菜瘦肉汤

原料：瘦猪肉60克，苦瓜150克，咸酸菜梗60克。

做法：

1. 苦瓜洗净，去瓜核，切片；咸酸菜梗洗净，切片。

2. 瘦猪肉洗净，切片。

3. 把苦瓜、瘦肉放进锅内，加清水适量，武火煮沸后，文火煲1小时，放咸酸菜梗，再煲20分钟，调味后食用。

功效：苦瓜可清心除燥，清肝明目，且含有丰富的钾、钠、钙、磷、镁等营养成分。胃寒孕妇不宜食用本汤。

胎教密语：音乐让胎宝宝快乐

胎宝宝在母腹中，他的声音世界里占统治地位的是孕妈妈有节奏的心跳声和血液流动声、呼吸声，这些声音信息不断地刺激胎宝宝的听觉器官，可谓是对胎宝宝进行听力训练，是接受"音乐胎教"的基础。

胎教音乐注重节奏性。正常胎宝宝的心跳频率大多是在120~160次/分钟，只有当音乐的节拍速度与胎宝宝心跳的节拍速度大致吻合的时候，胎宝宝在母体中的情绪才容易安定下来。

胎教音乐需要多样化。胎教音乐的选择不科学也会对胎宝宝身心产生不良的影响。一般来讲，给活泼好动的胎宝宝听一些节奏缓慢、旋律柔和的乐曲；给文静不爱动的胎宝宝听一些轻松活泼、跳跃性强的儿童乐曲、歌曲，将对胎宝宝的生长、发育起到更明显的效果。

小贴士

别让音乐伤了胎宝宝

切勿把音乐器放在肚皮上给胎宝宝听。这种传导方式对胎宝宝耳基底膜上的短纤维刺激很强烈，耳蜗底部容易遭到破坏，导致有的孩子生下来就听力缺损。除此之外，现在还有许多传声器带磁性，对胎宝宝也会有不良影响。

第11周

孕妈妈的早孕反应开始慢慢减轻，也不必为流产过多担心了。为了生个健康的胎宝宝，孕妈妈还是要记得去做个全面的产前健康检查，为与腹中胎宝宝度过一段舒心而美好的时光做好准备!

胎宝成长笔记

本周已能够清晰地看到胎宝宝脊柱的轮廓，脊神经开始生长。借助B超还可以听到胎宝宝心脏快速跳动的声音，就像一匹正在快速奔跑的小马。他开始能做吸吮、吞咽和踢腿动作，很多细微之处也开始出现，可清晰地看到手指、脚趾和绒毛状的头发等。胎宝宝维持生命的器官，如肝脏、肾、肠、大脑以及呼吸器官等也都已经开始工作。

宝贝计划：孕妈妈过冬"平安符"

有研究表明，冬季畸形儿的发病率为四季之首，而由于孕妈妈身体娇嫩，加之冬天气候严寒，孕妈妈想要平安过冬，还要守好日常护理的四道"护身符"：

1. 注意适当保暖。最好减少外出，外出时应注意多穿衣服，防止因寒冷刺激引起脑血管收缩，影响胎儿生长发育。

2. 不宜穿着过厚。孕妇服装的选择要以舒适、宽松、方便为原则，可选择吸湿性强、手感好的纯棉面料，不要穿过紧的衣服。在有暖气或者空调的房间，要注意减少衣服，防止出现过热现象。

3. 房间经常通风。冬季孕妈妈应保持居室空气流通，并注意适当的体育活动，提高机体耐寒及抗病能力。

4. 饮食科学营养。注意加强营养，饮食做到多样化，不可偏食，尤其要注意食用绿叶蔬菜、水果，以补充胎宝宝所需的叶酸等营养物质，防止胎儿因营养问题发生疾病。

妈妈的爱：肠道保健好习惯

多吃高纤维食物，选择无刺激性、易于消化、具有足够营养的饮食；少食多餐，饮食规律；进餐时尽量放松，保持心情愉快。

保证充足睡眠，早睡早起；坚持运动，尤其

是帮助肠胃消化的运动, 如饭后散步。

多喝水, 为肠道作基本保养: 坚持每天早起喝一杯蜂蜜水, 每天喝够8杯水。

摄取益生菌, 维持肠道健康。坚持每天喝一杯含有超强活性有益菌的益生菌饮料, 如酸奶, 因为只有活的有益菌才能在肠道发挥健胃整肠的功效。

辣妈加油: 阴道出血急救法

怀孕早期出现阴道不规律出血并伴有下腹痛, 或在怀孕头3个月内, 时有少量出血。

急救法: 卧床休息, 等血止了再去看医生。如医生诊断是孕妇的性激素分泌不够, 会用性激素安胎。

在怀孕3个月左右, 发生阴道出血, 腹痛并有不寻常的背痛。

急救法: 立即去看医生。如诊断是子宫外孕, 要立即手术终止怀孕。

怀孕已28周以上, 阴道忽然出血。

急救法: 立即去看医生。少量出血可能无关紧要; 如出血过多, 医生在必要时可能要采取催生措施, 或通过用剖腹产将胎儿取出。

孕妈口腔护理大计

孕妈妈为了自身及胎儿的安全, 除应注意口腔卫生, 坚持每天早晚刷牙外, 还应在怀孕后去医院做一次口腔检查。

◎ 保持口腔清洁

每天早晚各刷一次牙齿; 餐后或每次吃东西后都要用漱口水清洗口腔; 选择刷毛柔软的牙刷; 少吃坚硬和刺激性的食物, 以减少毛细血管的渗透性。

◎ 早防早治口腔病

最好在妊娠早期和晚期进行两次口腔常规检查, 及早防治牙病和牙周病。

◎ 坚持牙齿保健

没事的时候, 经常叩动上下牙齿, 能增加口腔唾液的分泌, 口腔唾液中的一些物质具有杀菌洁齿的作用。

◎ 定期口腔检查, 适时治疗

孕期里口腔疾病会发展较快, 定期检查能保证早发现、早治疗, 使病灶限于小范围。对于较严重的口腔疾病, 应选择妊娠中期(4~6月)相对安全的时间治疗。

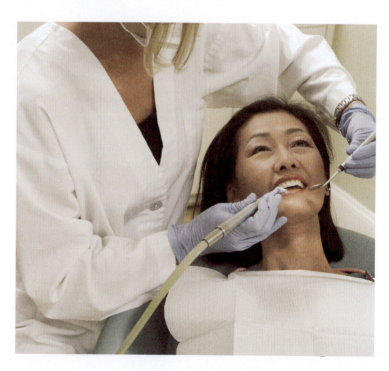

孕期营养：上班族孕妈营养餐

对于忙碌的上班族孕妈妈，早餐通常边走边解决，午餐以快餐为主，晚餐买些外卖食品回家吃。如此一来，难免要担心：怀孕后仍这样生活会影响胎儿的健康吗？因此，对于一个忙碌的职业孕妈妈来说，怀孕后应当学会放慢脚步，好好儿地调整一下饮食习惯，尽量做到三餐营养合理搭配，并以水果、酸奶、坚果等健康零食随时补充能量。

胎教密语：音乐胎教法的小秘密

妈妈哼唱法。适宜于每位孕妈妈采用。孕妈妈不时地哼唱一些自己喜爱的歌曲，把自己愉快的心情通过歌声传给胎宝宝，让胎宝宝与自己一起分享喜悦。

小贴士

烫、煮、凉拌饮食适合孕妈妈

以烫、煮、凉拌的烹调方式为孕妈妈准备便当料理，可以避免便当菜色回锅后变色、变味，而且不油腻，也不会引起孕妈妈呕吐。由于怀孕后期饭量会大增，或许一个便当的量根本就不够，建议在下午吃点饼干、坚果之类的零食。

音乐熏陶法。每天欣赏几支音乐名曲，听几段轻音乐。在欣赏与倾听当中借曲移情于胎宝宝，畅想孕妈妈和胎宝宝快乐嬉戏的情景，可以收到很好的启智效果。

朗诵伴奏法。在一套优美流畅启智音乐的伴奏下，孕妈妈可以把音乐带给自己的美妙感受化作诗篇朗诵给胎宝宝，有助亲子关系更加密切。

母教胎唱法。当孕妈妈选好了一支曲子后自己唱一句，随即凝思胎宝宝在自己腹内学唱。利用"感通"途径教育胎宝宝。

营养加油站
上班族孕妈营养便当

原料：高纤蔬菜、五谷杂粮。

孕妈妈的便当料理，应注重钙质、蛋白质、纤维素等的营养搭配。通常，一道主菜、两道副菜，营养就已足够，建议孕妈妈可选择一道味道好的为主菜，以增加食欲。此外，多吃一些高纤蔬菜、五谷杂粮，可以防止便秘。切记，不要吃含有添加人工色素的加工食品。

第12周

在孕妈妈与胎宝宝共同的努力下，胎宝宝已经打好了未来成长的良好基础，开始能在"小房"里做做小运动了！接下来的任务，就是让胎宝宝再长得胖点儿、壮点儿，一起努力加油吧！

胎宝成长笔记

已经长了3个月的胎宝宝，此时从牙胚到指甲，身体的雏形已经发育完成了。长在头部两侧的眼睛开始渐渐地拉近距离，移到了脸部，耳朵也已经到达最终的位置。他的手指和脚趾已经完全分离，一部分骨骼开始变得坚硬，并出现关节雏形。这一阶段他的神经细胞增殖迅猛，而且神经突触、大脑中的神经线路正在形成，已经有了更多的反射动作，包括吮吸。如果用手摸摸肚子，他甚至会动一动，不过还是无法感觉到他的活动。

宝贝计划：科学安排定期产检

孕妈妈定期做产前检查的规定，越接近预产期，越容易发生各种合并症，必须遵医嘱按期完成妊娠末期的检查。

产检的检查项目包括全身检查（产科初诊时检查），体重（每次门诊时测量），血压（每次门诊时测量），腹部的触诊检查，腿、踝部及手的触诊检查，胎心音检查（怀孕14周后每次门诊时检查）和内诊检查（怀孕30~34周时检查）。

小贴士

产前检查一般需要9~13次

初次检查应在停经后3个月以内，孕28周前每月检查一次，孕28~36周每两周检查一次，最后一个月每周检查一次。如有异常情况，必须按照医生约定复诊的日期去检查。

妈妈的爱：偏食营养补偿法

多年的生活习惯中，很多孕妈妈形成了自己的饮食偏好，这在平常并没有觉得有什么特别不好，可怀孕后为了胎宝宝的健康，最好能找到自己喜欢的营养补偿方案。

不爱吃蔬菜。可在两餐之间多吃一些富含维生素C的水果，如橙子、草莓、猕猴桃等。早餐增加一份燕麦。补充叶酸及少量辅助补充一些铁质的片剂。

不爱喝牛奶。可选择酸奶和奶酪，乳糖不耐症的孕妈妈可选用羊奶，每天喝杯孕妇配方奶粉，补点儿钙片。

不爱吃鱼。食用鱼油，用坚果当加餐，做菜时多选用橄榄油。

不爱吃肉。多摄取奶制品，多选用豆制品，选择全谷物粮食、鸡蛋和坚果。

不爱吃鸡蛋。喝点儿醋蛋口服液，多吃点儿富含维生素C的蔬菜、水果，每天固定吃两份坚果。

辣妈加油：巧避夏日麻烦事

食欲下降：可清淡饮食，少吃多餐，避免高糖食品，多食蔬菜、富含纤维素的食品。

感冒：多喝开水，注意休息，尽快控制体温，可在额、颈部放置冰块降温，切忌乱用药。

阴道炎：平时要穿棉质、宽松的内衣，不用卫生护垫，多选择裙装，保证私处透气。

心慌憋气：准备家用氧气袋，同时注意观察胎动和胎心的情况，随时做好监测。

皮肤问题：

痱子：应注意勤换衣、勤洗澡，衣着宽松透气。痱子一旦被抓破就会继发感染导致痱毒，要及时去医院。

叮咬性皮炎：使用蚊帐。被蚊虫叮咬后，别乱用止痒药品，可用湿肥皂涂在患处，或用凉水湿敷，或用薄荷叶、大蒜挤出汁抹在被咬处。

色素加重：外出时，孕妈妈应戴上帽子或打伞防晒，同时摄取足够的维生素C。

光感性皮肤病：应避免食用光敏物质，避免日光直接照射。

轻松击退早孕妈妈3种痛

1. 乳房刺痛：热敷、按摩，避免挤压

用热毛巾热敷、轻轻擦拭乳房，或每天用手轻柔地按摩乳房。有习惯性流产、早产经历的孕妈妈要避免长时间用手按摩或牵拉乳头，睡眠时采取舒适体位，避免挤压乳房。

2. 头痛：放松身心

调节情绪，保持平和心态和充足睡眠；多出去走动，呼吸新鲜空气；注意自己的坐姿，不要长时间伏案上网，或看电视。

3. 腰酸背痛: 适当补钙，腰下放枕

如果是缺钙引起的腰酸、背痛、腿抽筋，则需要就医补钙；睡觉时可在腰下放个小腰枕，让腰部有所依托。

孕期营养: 巧补维生素D

此时胎宝宝的骨骼和牙齿生长得特别快，对钙质需求激增。从本月起，孕妈妈应将补钙贯穿于整个孕期。单纯补钙是不够的，维生素D可促进钙的有效吸收。维生素D缺乏，同样可影响胎儿的骨骼发育。因此，孕妈妈别忘记适当补充维生素D。

小贴士

维生素D摄入不宜过多

孕期过量摄入维生素D也可引起中毒，导致胎宝宝出生后出现动脉硬化、精神障碍和尿酸中毒。因此，一般建议孕妈妈每日膳食的维生素D摄入量为10微克。

营养加油站
豆腐鱼头汤

原料: 嫩豆腐2盒，鲜鳙鱼头600克，料酒、醋、姜、葱、白糖、胡椒粉、水和油各适量。

做法:

1. 将鱼头、鱼骨、葱、姜放在锅中熬煮；豆腐切片待用。

2. 待鱼头煮烂，将豆腐、料酒、盐、胡椒粉一同放入。

3. 待豆腐煮透后加味精调味即可。

功效: 豆腐和鱼都富含钙和维生素D等营养物质，两者搭配熬汤，味道鲜美，还是补钙和补维生素D的绝佳食谱。

胎教密语: 胎宝宝大脑早开发

胎教在国内外逐渐受到重视，许多研究结果表明，受过胎教的胎宝宝，出生后智商高于未受过胎教的宝宝。

◎ 大部分脑细胞是在出生前形成的

胎龄12~36周是主管人思维、记忆、感觉、运动等各种心理及生理活动的细胞和神经网络产生的关键期，这时给予适当的声音、光照、触摸等刺激，可使胎宝宝的大脑神经网络更丰富，出生后的记忆容量更大，思维更敏捷。

◎ 对胎宝宝实施声音和触摸刺激

声音包括胎教音乐和准爸爸、孕妈妈的语言和爱抚。用相同的声音刺激胎宝宝，可以引起宝宝大脑中产生初浅记忆。这样坚持几个月，胎宝宝出生后听觉会比一般宝宝灵敏，记忆力比一般宝宝强。

触摸包括孕妈妈本人或准爸爸用于轻轻抚摸或拍打胎宝宝，这种刺激被胎宝宝感受后可促进感觉神经和大脑皮层中枢更快发育。

合格准爸爸，孕早期备战秘诀

由于荷尔蒙的变化，孕妈妈情绪可能变得容易激动，常会为了一点儿小事而不开心，这就需要准爸爸留意孕妈妈的一连串变化，帮助孕妈妈消除心理压力，使孕妈妈保持愉快的心情。

细节呵护孕妈妈好"孕"气

● 体贴孕妈妈，多沟通交流，留意孕妈妈在身体和心理上的一连串变化，与孕妈妈一起制订孕期应对计划。

● 更加悉心关照孕妈妈，在孕妈妈有不适反应时多给予协助，为其准备爱吃的饭菜和适合的零食。

● 帮助孕妈妈摆脱妊娠反应的困扰，多准备一些可以缓和孕吐的食物，如酸梅、饼干、水果等。

● 主动承担一些家务，减轻孕妈妈的负担，保证她有充分的休息和睡眠，不要让孕妈妈过度劳累。

● 帮助孕妈妈克服早孕反应，使孕妈妈充分休息、放松身心，度过最初的艰难时刻。

● 把房间布置得干净温馨，可以添置孕妈妈喜欢的物品和宝宝海报。

● 早晨在孕妈妈床边准备一杯水，或一小块水果，它们会帮助孕妈妈抑制强烈的恶心，缓解晨吐。

● 给孕妈妈添置防辐射衣、电脑防辐射屏等用品，叮嘱孕妈妈远离家中的辐射源，如微波炉、电脑、电热毯等。

● 提醒孕妈妈除了注意合理饮食之外，不可忽视空气、水和阳光的重要性，多陪孕妈妈到空气新鲜的户外环境中活动。

小贴士

牢记孕期"性福"密码

● 孕早期，胎儿还不稳定，应尽量避免性生活，以免造成意外流产。

● 偶尔进行性生活时，应注意体位；不要压迫孕妈妈身体，特别是腹部，动作要温柔，减少刺激强度；避免屈曲体位、骑乘体位和肘膝体位。

● 性生活前的密切接触阶段，准爸爸可以抚摸刺激阴蒂、阴唇，但不要将手指伸入阴道，以免损伤阴道，造成细菌感染。

● 进行性生活时动作要轻缓，避免过强刺激；持续时间相应缩短（以1~3分钟为宜）。

● 性高潮时，准爸爸要慢慢地抽动，进行中不要频繁变换体位。

● 有习惯性流产史的孕妈妈应该绝对禁止性生活，尤其要尊重孕妈妈的意愿，严禁强行性生活。

第三章

孕中期

我和宝宝有个约定

　　恭喜你！当为期12周的孕早期顺利结束时，就预示着孕妈妈陪伴胎宝宝平安度过了流产的高发期，一段神奇的"孕育之旅"就要渐入佳境了！此时的胎宝宝不仅在妈妈肚子里"安家落户"，而且已经越来越像个小人儿了！成功升级的孕妈妈和胎宝宝，又将在孕中期有着怎样的约定，一路携手相伴而行呢？

第13周

从这一周开始，孕妈妈就安全进入孕中期了！胎宝宝看上去越来越像一个漂亮宝宝，而此时孕妈妈的腹部也已开始隆起，现在谁都能看得出，这是一位幸福的孕妈妈！

胎宝成长笔记

胎宝宝身长约80毫米，体重约20克。脸部五官更加清晰明显，双眼向脸部中央靠近，嘴唇能够张合，脖子也可以支撑头部了。胎宝宝的骨骼发育明显，条件反射能力加强，手指能与手掌握紧，但眼睑仍紧紧闭合。

宝贝计划：带着胎宝宝去"上班"

安排好工作。一旦确诊怀孕，并计划好要宝宝，你就应该尽早向单位领导和同事讲明。回家后尽可能早些休息，以保证第二天有一个好的工作状态。

上班时带些小食品。多数孕妈妈在孕早期会有恶心、呕吐等反应，建议在办公桌和口袋里放几个塑料袋，以备呕吐时急用。空腹易加重妊娠反应，可随时吃一点儿零食。

要注意补充水分。多喝水，不要憋尿，防止尿路感染。孕期随时排净小便很重要，否则不利于健康。

适当休息。工作一段时间后要适当地做做伸展运动，久坐之后走一走，久站之后抬抬腿，这样可以减轻腿和脚踝部的肿胀感，减少腿部浮肿。

穿舒适的鞋和宽松的衣服。无论自己身材变成什么样子，衣服都要比身材大一号，这样才能给自己的身体和胎宝宝一个自由的空间。你还可以试试专为孕妈妈准备的贴身内衣和袜子，那样有利于减轻静脉曲张和肿胀感。

注意防辐射。身在职场离不开电脑、手机，一是穿防辐射衣服；二是在使用电脑时最好与电脑保持一臂之隔，要留心别人的电脑从你侧背面散放的辐射。尽量不要站在电磁波辐射严重的主机侧面或后方。另外，笔记本电脑的辐射比台式机要小得多。

坐着工作。不要用摇椅、滑轮椅，以防跌倒；注意坐姿，腰部放个舒适的靠垫，以减轻腰背部不适；注意不要碰撞使腹部受压。

定时开窗通风。若在全封闭的写字楼工作，应尽量每隔两三个小时去室外呼吸一下新鲜空气，晒一下太阳。

严格围产期检查。定期到医院进行围产期检查是保证母婴健康的前提。

妈妈的爱：5招美梦好睡眠

1. 把卧室好好儿收拾一下。花点儿时间把卧室尽量布置得舒适迷人，以便自己能更轻松地入睡。由于孕期你可能会觉得比平常热，所以要让房间保持凉爽。尽可能减少灯光和噪声，因为它们容易让你从浅睡中醒来。

2. 把焦虑关在卧室门外。坚持列一个"要事"清单，在晚饭时把单子列好，等到第二天再去处理单子上的事情，要确保吃晚饭时把所有的杂事都处理完，这样在上床睡觉前你就可以放松一下了。

3. 运动后别着急睡觉。运动完至少三四个小时后再上床睡觉，虽然孕期运动对你的身心健康都非常有益，但如果你的身体在运动之后没有充分的时间放松，也会妨碍你的睡眠。运动时间距睡觉时间太近可能影响到睡眠的深度。

4. 建立有规律的、轻松的睡前程序。晚饭后，做一些安静的事情，如读书，或洗个温水澡放松一下。试着每天早晚都在同一时间睡觉和起床，以调整你身体的生物钟。练习一些放松技巧可以帮助你入睡，比如，引导想象、深呼吸、渐进性肌肉放松等。

5. 左侧卧睡。你最好在怀孕第一个月，就让自己学会左侧卧睡觉。这种姿势有助于血液和营养物质流向胎宝宝和子宫，同时有利于肾脏排出废物和液体。习惯这种睡眠姿势后，随着肚子越长越大，你也能休息得更好。

辣妈加油：应对"烧心"的妙招

孕妈妈常会有"烧心感"，在弯腰、咳嗽、用力时更易发生。总会感觉饥饿，肚子里的小鼓没事就敲响，这种饥饿感和以前空腹的感觉并不太一样，还带着一点儿烧灼的难受。

想吃就吃：一些孕妈妈会变得像个馋嘴猫，此时没必要压抑自己的食欲，放开你的胃口，就算是为自己吃零食找个借口吧!

零食随身带：平时随身带一些食物，随时把肚子里的"馋虫"消灭掉。

不要吃太多：坚持少食多餐的原则，不要一次喝入大量水、饮料，或食用辛辣刺激性食物，否则会刺激食道黏膜，加重"烧心感"。

床下有秘密：有"烧心感"时，可将靠近头部的床脚垫高15~20厘米，这样睡眠时能抬高上身的角度，有效减少胃液返流。

小贴士

孕妈妈为何会有"烧心感"

由于体内孕激素逐渐增多，使食道下段控制胃酸返流的肌肉松弛，加之逐日增大的子宫对胃的挤压，使得孕妈妈胃内容物排空减慢，胃液就很容易返流到食道下段，刺激损伤食道下段黏膜，因此怀孕中后期的孕妈妈常会有"烧心感"，尤其在弯腰、咳嗽、用力时更易发生。

小家电大风险：家电使用安全法则

别让电器扎堆。 不要把家用电器摆放得过于集中或经常一起使用，以免使孕妈妈暴露在超剂量辐射的危险中。

勿在电脑后部逗留。 尽量别让辐射最强的电脑背面朝着有人的地方，屏幕的正面辐射最弱，其次为左右两侧。

用水吸电磁波。 水是吸收电磁波的最好介质，可在电脑的周边多放几瓶水，但绝对不能用金属杯盛水。

减少待机。 当电器暂停使用时，最好不让它们长时间处于待机状态，较微弱的电磁场也会产生辐射积累。

及时洗脸洗手。 电脑荧光屏表面存在着大量静电，其聚集的灰尘可转射到脸部和手部皮肤裸露处，因此在使用后应及时洗脸洗手。

多补充维生素。 电脑操作者应多吃些胡萝卜、白菜、豆芽及牛奶、鸡蛋、动物肝脏等食物，以补充维生素和蛋白质。

接听手机别着急。 手机在接通瞬间及充电时通话释放的电磁辐射最大，最好在手机响过一两秒后接听电话，充电时则不要接听电话。

孕期营养：当季最佳营养汤

春季，万物复苏，人体的阳气亦随之生发。此时应养阳，在饮食上要选择一些能助阳的食物，如葱、豉等。在饮食品种上，也应由冬季的膏粱厚味转为清温平淡，孕妈妈一定要多吃些蔬菜。

夏季，酷热多雨，暑湿之气易乘虚而入。食欲降低，消化能力也随之减弱。因此，在膳食的调配上，宜少吃辛甘燥热的食物，以免过分伤阴，多吃甘酸清润之品。

秋季，气温凉爽、干燥，食欲再度提高。因气候干燥，在饮食的调理上，孕妈妈要注意少吃辛辣食物，如辣椒、生葱等，宜多吃芝麻、糯米、粳米、蜂蜜、枇杷、甘蔗、菠萝、乳制品等温润食物。

冬季，气候寒冷，宜热食。燥热的食物仍旧不可多吃，以免使内伏的阳气郁而化热。饭菜口味可适当浓重一些，有一定的脂类，炖肉、熬鱼、火锅可多吃一些，冬季切忌黏硬、生冷食物。对于孕妈妈来说，冬季是饮食进补的最佳时机。

营养加油站
萝卜羊排汤

原料： 羊排骨，白萝卜，葱、姜、调料若干。

做法：

1. 将焯好的羊排骨放入锅中，加适量水和葱、姜炖煮。

2. 炖煮1个半小时后加入萝卜片。

3. 待萝卜片变得透明，加入适量调料即可。

功效： 羊肉补气益血，白萝卜味甘性凉，有清凉、解毒、去火的功效。

胎教密语：备战胎教最佳时机

到第12~16周时，胎宝宝出现第一次胎动。此时，标志着胎宝宝的中枢神经系统已经分化完成——胎宝宝的听力、视力开始迅速发育，并逐渐对外界施加的压力、动作、声音做出相应的反应，尤其对母体的血液流动声、心音、肠蠕动声等更为熟悉。这时也就进入了胎教的最佳时期。

◎ 听觉训练

此阶段胎宝宝的听神经与听觉系统迅速发展，夫妇双方或孕妈妈可以很好地利用这一段时间，有意识地对胎宝宝进行相应的听觉训练。不

妨把胎宝宝当成一个听众，与他聊天儿，给他讲故事、朗读诗歌，尤其是准爸爸要多与胎宝宝进行对话。

◎ 触觉与动作协调训练

此阶段神经系统发育迅速，胎宝宝对触觉与力量表现很敏感。夫妇双方可对胎宝宝进行动觉、触觉训练，促进其大脑功能的协调发育，尤其可以有助于胎宝宝未来的动作灵活性与协调性。比如，准爸爸可轻轻拍打和抚摩孕妈妈腹部，与胎宝宝在宫内的活动相呼应、相配合；孕妈妈按时触摸或按摩腹部，建立与胎宝宝的触摸沟通，等等，这些胎教方法都是安全而有效的。

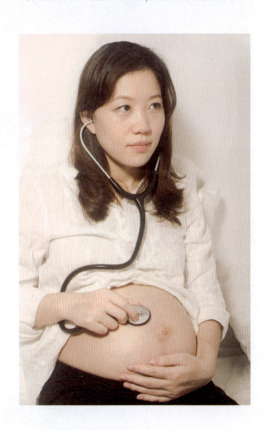

小贴士

抓住胎宝宝敏感期

胎宝宝对来自外界的声音、光线、触动等单一刺激反应更为敏感，若准爸爸和孕妈妈能够很好地利用孕中期阶段，借助胎宝宝神经系统的飞速发展，给予胎宝宝各感觉器官适时、适量的良性刺激，就能促使其发育得更好，为出生后早期教育的延续奠定良好的基础。

欢迎, 欢迎

　　白色的蒲公英和小黄花是好朋友，她们一起聊天儿，一起看云，十分开心。

　　一只小蜜蜂飞过来，蒲公英说："欢迎，欢迎！"可小蜜蜂落在了小黄花上。

　　一只小蝴蝶飞过来，蒲公英说："欢迎，欢迎！"小蝴蝶还是落在了小黄花上。

　　蒲公英不高兴了，说："小黄花呀小黄花，为什么你受欢迎，就没人搭理我呢？"

　　小黄花笑呵呵地说："蜜蜂和蝴蝶是来采蜜的，你肯定也会受到欢迎的啊。"

蒲公英在想：谁会欢迎我啊？这时吹来一阵小风，小风拍着手，说："蒲公英，蒲公英，欢迎，欢迎，跟我一起飞吧。"

哈，蒲公英高高兴兴地跟着风飞走了。

给胎宝宝的话

每个人都有受到欢迎的机会，只是受欢迎的方式有所不同。就像宝宝的到来也受到欢迎一样，妈妈为你准备了新衣服，爸爸为你准备了新玩具。我们希望宝宝今后成为一个受欢迎的孩子，有很多的朋友，真诚、友善、豁达。

第14周

进入第14周的胎宝宝在孕妈妈的肚子里已经可以做很多事情了，如皱眉、做鬼脸等，他还会斜着眼睛，时不时地吸吮自己的手指呢！这些动作都可以促进胎宝宝大脑的成长。

胎宝成长笔记

胎宝宝身长80~100毫米，体重为30克左右。手指上已经出现独一无二的指纹印。全身开始长出非常细小的胎毛。其他器官仍然在迅速发育，身体部分开始生长得比头部快，支撑头部的脖颈现在也更加清晰明显了，头重脚轻的状况很快就会得到改善。

宝贝计划: 小心腹痛的安全预警

腹中开始孕育小生命了，这带给孕妈妈无限的欣喜。孕期腹痛是孕妈妈遇到的常见症状，哪些腹痛是正常的生理反应，哪些是身体提出的疾病警告，孕妈妈应谨慎对待，不可大意。在孕早期，有些腹痛是生理性的，即因为怀孕所引起的正常反应，但有些却是病理性的，可能预示着流产等危险的发生。

腹痛症状: 妊娠3~4个月出现腹痛，是因为此时宝宝生长得比较快，子宫的增大使原来子宫周围的一些组织受到机械性的牵拉。子宫周围的脏器也因子宫增大受到挤压而出现下腹部疼痛。随着妊娠月份的增加，孕妈妈对此逐渐适应，疼痛会有所减轻或完全消失。

可能原因: 子宫增大压迫周围组织

腹痛症状: 孕妈妈出现阵发性小腹痛或有规律腹痛、腰痛、骨盆腔痛，问题可能就比较复杂。如果同时伴有阴道点状出血或腹部明显下坠感，那可能预示着先兆流产。孕妈妈应该少活动、多卧床、不要行房事、勿提重物，并补充水分，及时就诊。如果疼痛加剧或持续出血，需要立即就医。

可能原因: 先兆流产

腹痛症状: 如果出现单侧下腹部剧痛，一般停经6~8周后突然感觉到下腹部撕裂样剧痛，阴道流血量可多可少，腹痛出现于阴道流血前后或同时发生。伴有阴道出血或出现昏厥，应立即到医院就诊。

可能原因：宫外孕

腹痛症状：有些孕妈妈在怀孕初期，卵巢黄体形成后，因卵巢黄体或本身怀孕前即存在的卵巢囊肿扭转或破裂，造成下腹持续的剧烈疼痛，遇到这种情形一定要求医就诊，待医师以腹腔镜将破裂或扭转的卵巢恢复正常后就可安心继续怀孕。

可能原因：卵巢黄体囊肿

腹痛症状：急性阑尾炎是孕期常见的外科并发症，表现为腹痛、恶心、呕吐、低热。由于妊娠子宫的逐渐增长，阑尾的位置也不断上升，疼痛部位不像非孕期那样典型，确诊后一般可保守治疗。

可能原因：妊娠合并阑尾炎

小贴士

一定要重视腹痛

无论是何时，无论是什么原因引发的腹部疼痛，都需要孕妈妈足够重视，因为这是危险的信号，需要尽快去医院就诊，请医生检查。

妈妈的爱：清新口气迎接胎宝宝

清洁舌苔。刷牙时清洁舌苔，彻底清除残留在舌头上的食物，有助于消除异味。

经常漱口、喝水。孕妈妈要时常漱口，将口中的异味去除，也可以准备一些降火的饮料，或茶水、果汁等，让难闻的口气无处可躲。

避免辛辣、生冷食物。孕期应避免食用过于辛辣的食物，以免肠胃无法负荷。

变换食材、烹饮法。变换饭菜的色香味形，可在食物中拌入适量番茄、洋葱、香菜等，以加重食物的味道。

咀嚼木糖醇口香糖。使用不含蔗糖的口香糖清洁牙齿，如木糖醇口香糖，这种口香糖具有促进唾液分泌、减轻口腔酸化、抑制细菌和清洁牙齿的作用，孕妈妈可以在餐后咀嚼一片。

跟踪特殊病史。孕妈妈若有特殊疾病史，或发生口气及味觉显著改变的情形，应由医师诊治以做鉴别诊断。

辣妈加油：补钙促进骨骼发育

妊娠中期是指妊娠13~28周的这段时期，这段时期的胎宝宝骨骼肌肉开始发育，所以应特别注意补充钙质。

轻度缺钙可能会引起孕妈妈腿抽筋、肢体麻木、失眠等症状，严重时会影响胎宝宝的骨骼发育，引致先天性佝偻病，影响骨骼和牙齿的生长，导致出现鸡胸和O型腿等。

晒太阳。每天有意安排自己多晒太阳，特别是冬春季怀孕的妈妈，这样会使身体摄取充足的维生素D，让胎宝宝的骨骼和牙齿发育得更结实，消除先天佝偻病和龋齿的因素。

食补。这是最为可靠、有效的补钙途径。食物中，奶类含有较多的钙，而且吸收率也最好，除非乳糖不耐受，孕妈妈应食用奶制品。同时在饮食上注意摄取富钙食物, 如豆制品、海产品和一些干果等。

补钙剂。不足部分可考虑从钙剂中补充, 4个孕月后可在医生指导下每天服用肠道吸收率高、服用方便、价格适中的钙剂为好。

小贴士

孕妈妈每日摄入多少钙

中国营养学会规定, 妊娠早期每日钙的摄入为800毫克, 妊娠中期为1000毫克, 妊娠晚期和哺乳期为1200毫克, 一般在16周之后强调补充适当的钙剂。

合理运动让孕期健康有活力

规律运动。运动会刺激脑部, 分泌一种叫内啡肽的激素, 能增强抗压力的能力, 减缓孕期痛苦和不适的感觉。

增强心肺。运动让人感到神清气爽, 还能帮助消化, 减少孕期便秘现象。运动能促进腰部及下肢的血液循环, 大大减缓腰酸腿疼, 有条件的孕妈妈可选择游泳。

户外运动。如散步, 在阳光下呼吸新鲜空气, 可促进身体对钙、磷的吸收, 既有助于胎宝宝的骨骼发育, 又可防止孕妈妈因缺钙引起抽筋。

强化腹肌。孕期体操、瑜伽、普拉提等运动可防止腹壁松弛造成的胎位不正及难产, 还可缩短产程, 防止产道撕裂及产后出血。

◎ 孕妈妈运动3注意

1. 运动之前喝一点儿果汁或矿泉水, 运动场所一定要通风, 温度适当。

2. 着装要透气、宽松、舒适, 冷暖适宜。

3. 运动时要"悠着点儿", 千万别让胎宝宝感到摇摇晃晃。

孕期营养: 三阶段巧补钙

胎宝宝骨骼和牙齿的钙化在2个月时即已开始, 8个月后突然加速, 需要从孕妈妈的血液

中吸收大量钙以满足需要。如果孕妈妈缺钙，就有可能出现钙代谢平衡失调。钙还会储存在骨骼中，可为机体提供应急所需。因此胎儿期钙的充分供给意义重大。

孕早期。每日钙需要量约为800毫克，孕妈妈每天向胎宝宝提供的钙从0毫克增加到50毫克。因此，孕妈妈最好在准备开始怀孕的时候就应开始补钙，可多吃点儿奶制品。

孕中期。20周的胎宝宝开始骨骼形成，孕妈妈对钙的需求量增加到了1000毫克。多晒太阳，紫外线可促进维生素D在人体内的合成，提高钙的吸收率。多活动骨关节，能够改善骨骼肌的营养状况，提高骨密度。

孕晚期。是胎宝宝蓄积骨量最多的时期，需要孕妈妈每天提供150~450毫克的钙。

营养加油站
肉末炒芹菜

原料：牛肉、芹菜，淀粉、料酒、葱、姜、精盐、花生油各适量。

做法：

1. 牛肉去筋膜，洗净切碎后用酱油、淀粉、料酒拌匀上浆。芹菜择洗干净，切小丁，用开水焯一下。

2. 炒勺上火，放油烧热，先下葱花、姜末炝勺，再下牛肉末，用旺火快炒，取出备用。

3. 下芹菜煸炒，再加入炒过的牛肉末，用旺火快炒，加酱油和料酒炒匀即成。

功效：鲜香、脆嫩。孕妈妈常食可增加钙、磷、铁、蛋白质的摄入量，防止缺钙状况。

胎教密语：光照胎教的视觉刺激

光照胎教是指在胎宝宝视觉发育的特殊时期，利用光源进行刺激，进而促进视觉器官发育和大脑发育的一种胎教方法。光照胎教能促进胎宝宝视觉功能的建立和发育，光照胎教成功的宝宝出生后视觉敏锐，协调力、专注力、记忆力也比较好。实验证明，适当的光照对宝宝的视网膜，以及视神经都十分有益。

这个阶段的胎宝宝，如果孕妈妈用强光照射腹部，胎宝宝会为了避免受到光线的刺激而将脸转到一旁，或闭上眼睑；若改为弱光，胎宝宝则会有眨眼的动作，并且会感兴趣地将头部转向光源位置。只要是不太刺激的光线，皆可给予胎宝宝脑部适度的明暗周期，刺激脑部发育。利用晴朗天气外出散步时，也可让胎宝宝感受到光线强弱的对比。

小贴士
胎教要配合宝宝作息

不要在宝宝睡觉时进行光照胎教，以免打乱宝宝的生物钟。光照胎教还是要配合宝宝的作息时间，仍然要在胎动明显时，即宝宝醒着的时候做光照胎教。孕妈妈经过这么长时间和宝宝的相处，也应基本知道宝宝的作息规律。当然也有作息不太规律的宝宝，这就需要孕妈妈细心体察宝宝的情况了。

喜欢就亲我一下

　　小猫咪咪是森林里最小的小宝贝儿。

　　有一天，咪咪看见兔姐姐提着一篮子蘑菇走在前面，她偷偷跟在后面，想吓唬吓唬兔姐姐。

　　"咪咪，"兔姐姐笑着转过身来，"我早就发现你了！"

　　兔姐姐送给咪咪一个大蘑菇。

　　"谢谢姐姐！我喜欢你。"咪咪说。

　　兔姐姐把白白的脸凑过来："喜欢就亲我一下。"咪咪亲了兔姐姐一下。

　　回到家，咪咪把大蘑菇送给了妈妈。

"您喜欢我吗？"咪咪问。

"当然喜欢啦！"猫妈妈说，"我最喜欢我的宝贝儿了！"

"喜欢就亲我一下！"咪咪把脸凑过去。

猫妈妈捧着咪咪的脸，使劲儿地亲了一下，两下，三下，四下……"亲多了！亲多了！"咪咪赶紧抱住妈妈，把多的那几下还给了她。咦，妈妈好像很开心啊！

给胎宝宝的话

"喜欢就亲我一下！"这是咪咪宝宝和兔姐姐、猫妈妈之间互相表达爱意的方式。这种爱的传递，会让他们的心里变得暖暖的，好开心啊！宝宝，你知道吗？妈妈对你的爱，亲多少下，都表达不尽啊！

第15周

胎宝宝成长发育是如此的迅速，孕妈妈可能还不知道，胎宝宝现在正忙着吸入和呼出羊水，还会在子宫中打嗝儿呢，这可是胎宝宝开始呼吸的前兆哟！

胎宝成长笔记

胎宝宝身长约10厘米，体重为60~70克。他现在可以活动所有的关节和四肢了，眉毛、头发的生长速度也很快，虽然眼睑仍然闭合，但可以感觉到光。如果通过B超，可以分辨出胎宝宝的性别了，而且孕妈妈可以明显地感受到胎宝宝的胎动。

宝贝计划：吃水果要绕开误区

误区1 什么时候都可以吃水果

新鲜水果的最佳食用时段是上午，可帮助消化吸收、有利通便，而且水果可让人感觉神清气爽，有助一天的好心情。

误区2 水果吃得越多越好

孕妈妈消化系统较为敏感，瓜果食入过多寒凉过度，会加重肠胃负担。应尽量少吃含糖高的水果，每天最多不要超过1公斤。

误区3 水果有利胎宝宝皮肤

胎宝宝的皮肤颜色是受父母遗传基因影响，与怀孕期的饮食关系不大。

水果与蔬菜的营养及药用价值各异，不可以相互替代。有的水果中糖分含量很高，多吃还可能引发妊娠期糖尿病等其他疾病。

小贴士

巧吃水果

吃水果后漱口。有些水果含有多种发酵糖类物质，对牙齿有较强的腐蚀性，食用后若不漱口，口腔中的水果残渣易造成龋齿。

饭后不要立即吃水果。饭后吃水果会造成胀气和便秘。因此，宜在饭后2小时或饭前1小时吃水果。

少吃热性水果。从中医角度来说，孕妈妈怀孕之后，体质一般偏热，阴血往往不足。此时，一些热性的水果，如荔枝、桂圆等应适量食用，否则容易产生便秘、口舌生疮等"上火"症状，尤其是有先兆流产的孕妈妈更应谨慎，因为热性水果更易引起胎动。

妈妈的爱：安全护发从现在做起

怀孕了，孕妈妈身体的各部分都会发生变化，头发也不例外。体内雌激素量增加，延长了头发的生长期，原本应在正常休止期脱落的头发不脱落了。所以在妊娠期，孕妈妈的头发会看起来格外浓密亮泽。

◎ 孕期洗发水的选择

油性发质的孕妈妈的头发会比平时更油一些；而干性发质的孕妈妈也不会像平常那样干涩。孕妈妈的皮肤十分敏感，为了防止刺激头皮影响到宝宝，孕妈妈要选择适合自己发质且性质比较温和的洗发水，怀孕前用什么品牌的洗发水，如果发质没有因为荷尔蒙的改变而发生太大的改变，最好继续沿用。突然换用其他品牌的洗发水，特别是以前从未使用过的品牌，皮肤可能会不适应，造成过敏现象的发生。

有些孕妈妈在怀孕时头发会变得又干又脆，那是因为头发缺乏蛋白质，如果使用能给头发补充蛋白质营养的洗发水和护发素，情况将得以改善。

◎ 洗头后需仔细处理湿发

最好选择洗后易干易打理的短发。洗完头后，如何处理湿发也是孕妈妈的困惑之一。头发长，湿发就更难干，顶着湿漉漉的头发外出或上床睡觉非但不舒服，而且容易着凉，引起感冒。

尽量不要用吹风机吹干，辐射对宝宝有影响，有些吹风机吹出的热风，含有微粒的石棉纤维，可以通过孕妈妈的呼吸道和皮肤进入血液，经胎盘血而进入宝宝体内，从而诱发宝宝畸形。

◎ 妙用干发帽

戴上吸水性强、透气性佳的干发帽，很快就可以弄干头发，淋浴后也能马上睡觉，还能防感冒，不过要注意选用抑菌又卫生、质地柔软的干发帽、干发巾。

◎ 孕期不要烫染头发

烫发需要使用化学制剂对头发进行卷曲和定型。染发剂也是由比较复杂的化学成分组成。在孕期如保护不当或使用了有害的物质，可能会造成宝宝畸形。为了保险起见，孕妈妈们最好不要在孕期轻易尝试烫染头发。

辣妈加油: 内衣内裤穿着法则

孕早期(1~3月)

内衣: 穿着稍微宽松的内衣, 自己感觉舒适即可。

内裤: 如腹部尚无太大变化, 可以穿着普通内裤。

孕中期(4~7月)

内衣: 选择能完全包住乳房、不挤压乳头, 并能有效支撑乳房底部及侧边的胸罩。

内裤: 可购买能调整腰围的纽扣式内裤, 款式以高腰、中腰为主。

孕晚期(8~10月)

内衣: 选购穿戴可以承重、透气又舒适的全罩式胸罩。

内裤: 选择一些有前腹加护、裤底材质采用防菌抗臭处理的内裤。

巧选内衣内裤

◎ 内衣要选择纯棉质, 不刺激皮肤, 吸汗、透气性好的。

◎ 打开方式可选择前开设计。

◎ 不可过厚过硬, 不然会影响透气性, 诱发乳腺炎。

◎ 宜选择透气性好、吸水性强及触感柔和的纯棉质内裤。

◎ 腹部束带应该宽松。

缓解孕中期易出现的小毛病

◎ 腹胀

由于孕激素的原因, 腹内食物滞留肠道, 在细菌作用下发酵产生大量气体。逐渐增大的子宫会压迫到胃肠道, 影响到内容物及气体排出。

缓解方法:

1. 少量多餐, 适当增加活动量。

2. 可采取简单的按摩方法缓解。

◎ 便秘

胃酸分泌减少, 大肠对水分的吸收增加。

活动量减少, 胃肠蠕动减弱, 饮食失调。

缓解方法:

1. 每天至少喝1500毫升水, 可加入蜂蜜。

2. 多吃富含膳食纤维的食物, 帮助肠道蠕动, 促进排便。

◎ 流鼻血

大量的孕激素使得孕妈妈血管扩张, 容易充血。孕妈妈血容量增高, 属于血管破裂导致的血管性流血。

缓解方法:

1. 用手压迫出血侧的鼻前部5~10分钟, 如流鼻血超过20分钟仍不能停止, 需去医院进一步诊治。

2. 不挖鼻孔, 天气干燥时注意增加室内空气湿度, 如使用加湿器, 睡觉前可在鼻腔内涂一些维生素E软膏, 防止黏膜干硬。

3. 避免食用辛辣的食物, 多吃含有维生素C、维生素E的食品。

孕期营养: 孕期养身美味粥

孕妈妈常常会觉得食欲不佳, 但又担心胎宝宝缺少营养, 该怎么办呢? 喝上几碗美味营养粥吧! 粥属于流食, 再没胃口的孕妈妈也可以喝上几口, 而且粥中材料五花八门, 营养价值可不比其他佳肴少呢!

◎ 孕妈妈为何爱喝粥

粥是特别适合孕妈妈的食物。由于怀着胎宝宝的缘故, 孕妈妈的肠胃功能比较弱, 而因为熬煮的时间长, 粥里的营养物质析出充分,

所以粥不仅营养丰富，而且容易吸收。另外，孕妈妈一般早孕反应严重，容易消化的粥可以减少呕吐。冬季喝热粥，还特别有利于孕妈妈自身调理及充分地吸取热量和营养。

◎ 美味营养粥4大要点

不宜过稀。孕妈妈的妊娠反应一般比较大，不想吃东西，常有恶心、呕吐的感觉，这时喝粥是比较不错的选择。但为孕妈妈熬粥要注意，水不要放得太多，否则容易引起胃酸过多。

食材有别。熬粥食材需要根据不同孕期做相应调整，如孕中期的胎宝宝生长加快，需要补充能量，同时对铁的需求量增加，而孕晚期则需要加强钙的补充。

精选主材。糙米中含有大于100毫克/千克的钙，花生仁、大豆、黑豆、青豆、枣中都含有较丰富的钙，大豆和坚果中也含有较高的铁，这些都可作为熬粥的主要材料。

品种丰富。为了胎宝宝的健康，以及自身所需的热量和营养素要求，孕妈妈需喝一些富含钙、铁的粥，可以在粥里加一些小枣、桂圆、糯米等补钙、补铁、补血的食材。

胎教密语：光照胎教的方法

胎宝宝的视觉在怀孕第13周就已经形成了，虽然胎宝宝不愿去看东西，但对光却很敏感。光照胎教和音乐胎教、运动胎教一样，都是孕妈妈自身磨炼性情、提高修养的过程。准爸爸可以和孕妈妈一起进行光照胎教，要坚持下去，有规律地去做，才能使胎宝宝领会其中的含义，并积极地做出回应。

营养加油站
海参粥

原料：水发海参200克，熟火腿末少许，粳米100克，葱末、精盐少许，清水适量。

做法：

1. 将发好的海参漂洗干净，切成细丁。粳米淘洗干净。

2. 锅内放入清水、海参、粳米，先用旺火煮沸后，再改用文火煮至粥成，然后加入葱末、精盐拌匀，撒上火腿末即可。

功效：补肾阳，益精血，润肠燥，具有养胎、利产功效，特别适宜孕妈妈食用。

每天定时在胎宝宝觉醒时用手电筒（弱光）作为光源，紧贴孕妈妈腹壁照射胎头部位，光线透入子宫，羊水因此由暗变红。而红色正是小宝宝比较偏爱的颜色，用手电筒进行光照胎教正可谓投其所好。

小贴士

光照胎教时间要短

每次对孕妈妈腹部照射3次，每次持续5分钟左右。结束前可以连续关闭、开启手电筒数次，以利胎宝宝的视觉健康发育。但切忌强光照射，同时照射时间也不能过长。

会变颜色的小羊羔

羊妈妈生了一只小羊，名字叫毛毛，她像变色龙一样会变颜色。

她跑到石头上，就变成青青的颜色；她跑到草丛里，就变成绿绿的颜色；她跑到花丛里，就变成五颜六色啦。

大灰狼想抓住她，想做羊肉比萨，可是因为毛毛会变颜色，大灰狼怎么也找不到她。所以，大灰狼一直没吃上羊肉比萨。

老鹰想抓住她，想做羊肉沙拉，可是因为毛毛会变颜色，老鹰在天上转呀转呀，怎么也找不到她。所以，老鹰一直没有吃上羊肉沙拉。

可是，毛毛很奇怪，不管她在哪儿，变成什么颜色，妈妈总能找到她。

有一次，毛毛和一群小鹿在一起，就变成了小鹿的颜色，妈妈也找到了她，还说："我知道你是我的毛毛，快跟我回家。"

毛毛奇怪地问妈妈："太奇怪了，谁都找不到我，为什么您总能找到我呢？"

羊妈妈说："不管你在哪儿，我都能闻到你的味道；不管你去哪儿，我都能听得到你的心跳；不管什么时候，我都知道你在想什么；不管你变成什么，你都是我的宝贝儿呀！"

给胎宝宝的话

为什么不管小羊羔变成什么样，羊妈妈总能找到她呢？原来，妈妈和宝宝之间是血脉相连的，就像我们现在的样子。妈妈的心跳带动着宝宝的心跳，妈妈吃的食物转化成营养输送给你，你一天天长大了，身上有着妈妈的味道，妈妈当然可以找到宝宝了！

第16周

从本周开始，胎宝宝的胎动更加明显了，孕妈妈有时还会有些触痛感，实在令人惊喜！孕妈妈一定要多和胎宝宝进行交流，良好的母子关系从现在开始就要建立起来了！

胎宝成长笔记

胎宝宝身长约12厘米，体重为120~150克。头部明显更直立了，双眼已经移到了头部前方，虽然仍然紧闭，但是眼球可以转动了。硬骨开始发育，腿的长度超过了胳膊，手指甲也完整形成了。性器官已足够成熟，肉眼就可以辨出。

宝贝计划：给胎宝宝安全的家

子宫就是胎宝宝的家，那么子宫在孕期会发生什么变化，又有哪些危险因素呢？

1. 子宫肌瘤

孕期：如随子宫而变大且在5厘米以上，需留心流产和早产。

分娩：如果肌瘤过大，甚至阻塞了产道，那么，你最好的选择是进行剖宫产。

产后：肌瘤本身会缩小，定期检查以决定是否手术摘除。

2. 子宫颈管息肉

孕期：不会有太大问题，出现破损则可能会引起感染。

分娩：不会对分娩造成影响。

产后：应注意继续治疗。

3. 子宫颈管机能不全

孕期：子宫口张开容易导致流产或早产。

分娩：术后拆线后再进行分娩。

产后：不会影响身体恢复。

4. 子宫畸形

孕期：需注意早产和流产的发生。

分娩：可自然分娩，紧急情况需剖宫产。

产后：对身体恢复没有影响。

妈妈的爱：为宝宝小心迎接春天

春天来了，"乍暖还寒，最难将息"，万物复苏，同时也带来难以预防的麻烦问题。

◎ 春季注意保持良好的心理状态

春季气候多变，容易干扰人体固有的生理功能。胎儿生长所处的内分泌环境与母体的精神状态密切相连，孕妈妈保持心情舒畅，乐观豁达，情绪稳定，有利于胎宝宝生长及中枢神经系统的发育。如自身适应能力差，可出现机体内外失衡，导致心理混乱的状况。因此春季调节情绪很重要。

◎ 居室注意保温和换气

早春应注意居室内的保暖加热，防止着凉感冒。孕妈妈需要的氧气比平时要增加20%以上，因此居室要注意通风透气，保持空气新鲜，也可以减少空气中粉尘和病菌的危害。必须重视个人卫生和环境卫生，对衣物和被褥等必须勤洗勤晒；尽量不要到公共场所去游玩。

◎ 小心花草过敏

春暖花开，但有些花草会使孕妈妈产生不良反应，如茉莉、丁香、水仙等，具有浓烈的香味，会影响孕妈妈的食欲和嗅觉，甚至引起头痛、恶心和呕吐。还有一些花的花粉可能引起过敏。此外，孕妈妈代谢旺盛，居室需要充分的氧气，而有些花卉吸进新鲜氧气，呼出二氧化碳，会夺走居室内的氧气，对孕妈妈及胎宝宝的健康十分不利。

◎ 肌肤保养很重要

春天气候温暖，皮肤的新陈代谢变得十分活跃，皮脂腺和汗腺的分泌也日渐增多。此时，空气中的花粉、灰尘和细菌随着阵阵春风到处飘扬。这些都会给皮肤带来不利影响，易引起过敏性皮炎和斑疹。要注意皮肤清洁保养，同时多饮水，使体内的细胞得到充足的水分。

辣妈加油：秋季养生有准则

秋天到了，由于气候的变化无常，一些呼吸道的病毒感染容易流行，孕妈妈需特别当心风疹、巨细胞病毒等致畸病毒的感染。

饮食卫生。注意饮食卫生，吃新鲜瓜果一定要洗净，避免出现腹泻现象。

饮食调理。秋天气候干燥，不注意饮食调理就可能发生便秘，应适当增加新鲜水果和蔬菜的比例，多喝水。

进补有方。秋季是进补的好时期，但具有活血化瘀功效的滋补品有可能会导致流产，孕妈妈可不能随便乱补！

养阴润肺。感冒咳嗽一定要及时诊治，尤其是体质阴虚的孕妈妈更要着重于止咳和养阴润肺。

唐氏筛查很重要

从怀孕14周开始,有一个非常重要的筛选检查,就是唐氏综合征的筛查,其目的是为了筛查出唐氏综合征(先天愚型)这一偶发性疾病。

◎ 唐氏筛查的必要性

1. 每一个孕妈妈都有可能生出"唐氏儿",概率会随着孕妈妈年龄的递增而升高。

2. 唐氏患儿具有严重的智力障碍,生活不能自理,并伴有复杂的心血管疾病,需要家人的长期照顾,会给家庭造成极大的精神及经济负担。

◎ 唐氏筛查的方式

1. 通过抽取孕妈妈的血清,检测母体血清中甲型胎宝宝蛋白(AFP)和绒毛促性腺激素(HCG)的浓度,并结合孕妈妈预产期、年龄和采血时的孕周,计算出"唐氏儿"的危险系数。

2. 如果化验结果显示危险性低于1/270,就表示危险性比较低,胎宝宝出现唐氏综合征的概率不到1%。

3. 如果危险性高于1/270,就表示胎宝宝患病的危险性较高,应进一步做羊膜穿刺检查或绒毛检查。

小贴士

唐筛检查需羊膜穿刺确诊

唐筛检查可筛检出60%~70%的唐氏综合征患儿。但唐筛检查只能帮助判断胎宝宝患有唐氏综合征的机会有多大,不能明确胎宝宝是否患上唐氏综合征。唐筛检查指数超出正常的孕妈妈应进行羊膜穿刺检查或绒毛检查,才可以100%地排除唐氏综合征的可能。

孕期营养:巧补锌

锌是人体所需的重要微量元素之一,人体体内DNA的制造、修复和机能发挥都需要锌。在孕期细胞快速增长的时候,孕妈妈更需要获得充足的锌。

作为基本的矿物质,锌有助于支持人体免疫系统、维护味觉和嗅觉,以及帮助伤口愈合,锌对人体形成健康的精子和卵子很重要,对于防止胎宝宝发育不良,也起着重要作用。

◎ 孕妈妈缺锌危害大

1. 孕妈妈缺锌的症状主要有掉头发、腹泻和食欲不振。

2. 孕妈妈如果缺锌,会影响胎宝宝在宫内的生长,使胎宝宝的脑、心脏等重要器官发育不良。

3. 缺锌会造成孕妈妈味觉、嗅觉异常,消化和吸收功能不良,免疫力降低,造成胎宝宝宫内发育迟缓。

4. 如果孕妈妈不注意进食含锌丰富的食品,势必影响胎宝宝对锌的利用与存储,出生后易出现缺锌症状。

◎ 补锌注意5个关键点

注意补锌的季节性。夏季由于气温高,孕妈妈食欲差,进食量更少,摄锌必然减少,加上大量出汗所造成的锌流失,补锌量应当高于其他三季。

谨防药物干扰。不少药物可以干扰补锌的结果,如四环素可与锌结合成络合物,维生素C则与锌结合成不溶性复合物,因此补锌时应尽量避免服用这些药物。

食品要精细。过多的粗纤维及植酸盐均可

阻碍锌的吸收，故补锌期间的食谱应更适当和精细些。

莫忘补补钙与铁。最新研究表明，补锌的同时补充钙与铁两种矿物元素，可有效促进锌的吸收与利用，加快机体恢复，因为三种元素具有协同作用。

补锌要适可而止。孕妈妈补锌过犹不及，中国营养学会建议，孕妈妈在孕中期和孕晚期每天摄入16.5毫克的锌，比怀孕前或没有哺乳时所需的11.5毫克要多，但每天膳食中锌的补充量不宜超过45毫克。

胎教密语: 听觉胎教打造好听力

听觉胎教的内容包括音乐胎教和语言胎教，主要给胎宝宝提供声音的刺激。适宜的声音在胎宝宝大脑听觉神经通路的过程里，可以使胎宝宝的大脑细胞伸展出更多的树突，大脑网络得到丰富，同时听觉系统得到进一步完善和促进。

孕早期。胎宝宝的听觉自孕后6周起就开始发育，但胎宝宝暂时还听不到声音。怀孕初期听觉胎教的重点是通过音乐舒缓孕妈妈的情绪，所有能安抚孕妈妈情绪的音乐都是适合的。

孕中期。进入怀孕中期，孕妈妈的胎教规律最好和生物钟结合起来。胎宝宝一般每天有七八个小时的睡眠，其中50%的时间处于浅睡眠状态，而晚上8时左右听觉神经最为敏锐。

孕晚期。胎宝宝的听觉更加发达，如听到令人讨厌的声音也会皱眉头。胎宝宝已能够区分出准爸爸和孕妈妈的声音，还能听到孕妈妈的心跳声。此时孕妈妈可以对腹中的胎宝宝说话，夫妻间的亲密交流也可以让胎宝宝有一种幸福感。

营养加油站
高锌食物速查表
100克火腿精肉: 含9.48毫克锌
100克山核桃: 含7.1毫克锌
100克牛里脊肉: 含4.7毫克锌
100克小海蟹: 含3.2毫克锌
100克羊肉(后腿): 含3.1毫克锌
100克猪里脊肉: 含2毫克锌
100克早餐麦片: 含1.94毫克锌

小贴士

听觉胎教别伤害听力

许多孕妈妈直接把录音机、收音机等放在肚皮上，让胎宝宝自己听音乐，这是不正确的。因为此时胎宝宝的耳蜗虽然发育趋于成熟，但还是很稚嫩，尤其是内耳基底膜上面的短纤维极为娇嫩，如果受到高频声音的刺激，很容易遭到不可逆性损伤。

风和风铃

风儿跑来跑去，他在找朋友。

风筝看见风来了，就和风说：

"风啊，和我交个朋友吧，我需要你。"

于是风就吹起风筝飞上蓝天。

天上的燕子夸奖风筝："风筝，你飞得真高啊！"

风筝说："我要感谢风，是他帮助了我。"

风车看见风来了，就和风说：
"风啊，和我交个朋友吧，我需要你。"
于是风就吹起风车转呀转起来。
花园里的蝴蝶夸奖风车："风车，你转得真快啊！"
风车说："我要感谢风，是他帮助了我。"
屋檐下的风铃看见风来了，就和风说：
"风啊，和我交个朋友吧，我要为你唱一首歌。"
于是风就摇起风铃荡来荡去。
风铃为了感谢风，就"丁零零，丁零零"
地唱起来。
风铃的歌是专门为风唱的。

给胎宝宝的话

因为有风的帮助，风筝飞得高，风车转得快，风铃唱起了歌。而风因为帮助了他人，也得到了回报和快乐。宝宝，我们生活在这个世界，会得到很多人的帮助，而我们也应尽自己的努力去帮助他人，只有这样，我们的内心才会充满快乐。

第17周

胎宝宝的胎动已经非常活跃了，心跳也更加强劲有力！在今后3周内，胎宝宝将经历一个飞速增长的过程，重量和身长都将增加两倍以上。

胎宝成长笔记

胎宝宝身长约13厘米，体重为150~170克。胎宝宝的骨骼也开始由软变硬，循环系统和尿道完全进入正常的工作状态，肺也开始工作了，他已经能够不断地吸入和呼出羊水，并能活动关节，还特别喜欢用手抓扯脐带玩呢！

宝贝计划：揭开胎动秘密

事实上，在胎宝宝形成之初，胎动就已经存在了。不过，因为宝宝还太小，再加上有羊水的阻隔，妈妈通常感觉不到；在16~24周时，孕妈妈常常会感觉到腹部内有一种以前所没有的蠕动感，这就是胎动。胎动是孕妈妈同胎宝宝在感觉上的一种早期联系。

胎动在整个怀孕过程中经历从不明显到明显且频繁，再到越来越少的过程。

胎动感觉：每一位孕妈妈的状况不同，对胎动的感觉也不同，有的孕妈妈形容胎动就像小球在肚子里面滚动；有的则感觉像是肠子在蠕动；也有奇妙的说法，是好像气泡的运动；更有趣的则形容，像蝴蝶在肚里闪过，等等。

胎动频率：胎动是宝宝健康的指针，平均一天的正常胎动次数，由怀孕24周的200次，增加到32周的575次，且是最高峰，直到足月时，会减少至282次，不过一般孕妈妈不会感觉到那么多的胎动。

胎动4种模式：

全身性运动：整个躯干的运动，例如，翻身等。这种运动力量比较强，而且每一下动作持续的时间比较长，一般为3~30秒。

肢体运动：伸伸胳膊、扭一下身子等，每一下动作持续时间一般为1~15秒。

下肢运动：也就是我们常常感觉到的宝宝的踢腿运动。这种动作很快，力量比较弱，每一下胎动持续时间一般在1秒以内。

胸壁运动：比较短而弱，一般孕妈妈不大容易感觉到。当胎动的规律出现变化时，要格外小心。

小贴士

留意胎宝宝的"生物钟"

每个胎宝宝都有自己的"生物钟"，昼夜之间胎动次数也不尽相同，一般早晨活动最少，中午以后逐渐增加，晚6点至10点胎动活跃。大多数胎宝宝是在妈妈吃完饭后胎动比较频繁，因为那时妈妈体内的血糖含量增加，宝宝也"吃饱喝足"有力气了，于是就开始伸展拳脚了。而当孕妈妈饿了的时候，体内的血糖含量下降，宝宝没劲了，也就比较老实，这也是他的一种自我保护行为。

妈妈的爱：身体平衡战略

◎ 脱掉高跟鞋身体更稳

怀孕后，为了保持身体平衡，孕妈妈要脱掉平日钟爱的高跟鞋，穿上低跟鞋或平跟鞋。行走时双脚落地要稳，身体不要前倾后仰，避免栽跟头。

◎ 坐有靠背的椅子

怀孕后尽量不要坐没有靠背的凳子，后背稳靠在椅背上，椅背给腰背部以支撑，减轻脊柱的压力。假如还觉得不舒适，可以放个小靠垫在腰背部。长时间坐较硬的椅子，最好加个椅垫，这样会感觉舒适些。孕妈妈坐着时，应双腿平放，交叉双腿会妨碍血液循环。

◎ 起床时要平稳

没有怀孕的时候，你可以像做仰卧起坐一样起床，可怀孕以后就要和这样的起床动作说拜拜了。怀孕后起床时，首先是将身体翻向一侧，然后用肘支撑上半身的重量，再靠双手支撑坐起，伸直背部，最后将双脚放在地上站起来。

◎ 在腰部的高度操作家务

怀孕后做些轻体力的家务是有益的，但是做家务时切忌弯腰幅度大。洗碗、洗菜、洗衣服时，假如水槽太低，拿一个大水盆架在水槽上，在水盆里洗东西。熨衣服时也要升高熨衣板的高度。

◎ 抬重物蹲下不弯腰

怀孕后要避免搬抬重物，要是非抬不可，一定要蹲下并保持背部平直，用腿部的力量抬起重物，怀孕以前那种弯腰拿重物的动作是万万要不得了。

◎ 重物双手担，均衡重量

假如你提的袋子过重，最好将袋子里的物品分别放在两个袋子里，左右手各提一个，减轻对身体一侧的负担。

辣妈加油：孕期合理体重我做主

胎宝宝长大、羊水增多、胎盘增大、子宫增大、乳房增重、血液及组织液增多、母体脂肪增加，是孕妈妈体重增加的原因。孕妈妈体重正常的增加，是营养良好的重要指标。怀孕期间总体重增加10~14公斤较为理想，而孕前体重偏低的孕妈妈，孕期体重可以增加多一点儿；反之，孕前体重偏高者应有所节制了。

孕妈妈体重正常的增加，是营养良好的重要指标，过重过轻均不宜。

过胖的孕妈妈，生产过程的危险概率会较高，假设本身又有其他疾病，还易导致其他并发症，如慢性高血压、妊娠糖尿病、肾盂肾炎，甚至妊娠过期、胎儿过大引发难产等，当然也可能导致宝宝的先天性异常。

过瘦的孕妈妈，则有可能因营养摄取不均衡或不足，严重影响肚中胎儿的成长发育，因此产下的宝宝体格较瘦弱，或造成部分免疫系统缺乏，等等。

视听享受，孕妈妈安全必知

看电视

1. 不要连续长时间看。这样用眼过度容易眼胀、头昏，而且长时间坐着不活动，下肢血液循环不畅会加重浮肿，出现下肢麻木、酸痛、乏力等。孕妈妈每次看电视时间不得超过两个小时，最晚不宜超过晚上10点。

2. 看电视也要养成好习惯。不要近距离看电视，荧光屏辐射出来的少量放射线，会引起头昏脑涨、疲乏无力、精神紧张，同时不要饱食后马上看电视，少看激烈紧张的球赛和惊险恐怖的刺激性较强的节目。否则，对孕妈妈的健康和胎宝宝的发育均有一定的影响。

听音乐

1. 选择音乐时要有讲究。不是所有歌曲都

适合孕妈妈听，要因时、因人而选曲。妊娠反应严重时，可以选择优雅的轻音乐；在怀孕中期，听欢快、明朗的音乐比较好。

2. 多听欢快舒缓的音乐。太快的节奏会使胎宝宝紧张，太大的音量会令胎宝宝躁动不安，可能会引起胎宝宝出生时体重过低，甚至还出现不良神经系统反应。最好不要听摇滚乐，也不要听一些低沉的音乐，多听一些优美舒缓的音乐，对孕妈妈、胎宝宝都有好处。

孕期营养：孕期聪明喝水

水对人体有"内洗涤"的作用，对健康非常重要，对孕妈妈更是如此。

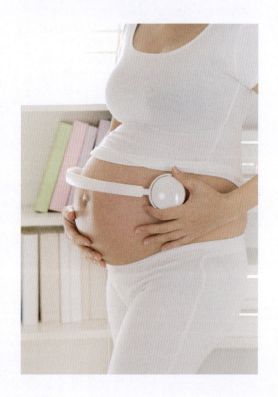

清晨起床第一杯。早上起床后应喝一杯新鲜的凉开水，早晨空腹饮水能很快被胃肠道吸收进入血液，使血液稀释、血管扩张，从而加快血液循环，补充细胞夜间丢失的水分。

多喝白开水温润肠胃。早饭前30分钟喝200毫升25～30摄氏度的新鲜开水，可以使消化液得到足够的分泌，以促进食欲，刺激肠蠕动，有利于定时排便，防止痔疮、便秘。

营养加油站
孕妈妈别喝5种水

1. 不喝久沸或反复煮沸的开水

因为水在反复沸腾后，水中的亚硝酸银、亚硝酸根离子，以及砷等有害物质的浓度相对增加，孕妈妈假如饮用了久沸，或反复加热沸腾的开水之后，容易导致血液中的低铁血红蛋白结合成不能携带氧的高铁血红蛋白，从而引起血液中毒，危及母体及胎宝宝，严重者可致死亡。

2. 不喝没烧开的自来水

因为自来水中的氯与水中残留的有机物相互作用，会产生一种叫"三羟基"的致癌物质。不仅是孕妈妈，其他家人也不应该饮用这一类的水。

3. 不喝过浓的茶水

因为茶水中含有大量的鞣酸、茶碱、芳香油和多种维生素等，饮用后会引起消化系统及神经系统的紊乱。

4. 不要喝隔夜水

孕妈妈也不能喝在热水瓶中贮存超过24小时的开水，因为随着瓶内水温的逐渐下降，水中含氯的有机物会不断地被分解成为有害的亚硝酸盐，对孕妈妈身体的内环境极为不利。

5. 不喝过冷过热的水

即便是炎热的夏季，孕妈妈也不能喝冰水。过冷或过烫的水都会使皮肤中的维生素B大量流失，造成内分泌失调。冰水对肠胃的刺激过大，也有可能引起子宫收缩，造成胎宝宝流产或者早产现象。

胎教密语：胎宝宝爱爸爸的声音

准爸爸和孕妈妈经常与胎宝宝对话。能促进宝宝出生后语言及智力的良好发育。语言胎教，其实就是给胎宝宝的大脑新皮质输入最初的语言印记，为宝宝后天的学习打下基础。简单来说，就是和宝宝多说说话，激发宝宝的听觉神经，帮助宝宝对语言有一个最初步的认识。

胎宝宝特别喜欢爸爸略带磁性的声音，贴着孕妈妈的肚子，准爸爸可有计划地、由浅入深地定时向胎宝宝朗诵儿歌、童谣，或是伴随着音乐的诗歌朗诵、讲故事，可以反复进行，以加深胎宝宝的记忆。

小贴士

给胎宝宝讲故事有技巧

准爸爸和孕妈妈必须充满感情地对胎宝宝讲话或讲故事，发出的声音要欢快、明朗、柔和，最好带着笑声，这样容易感染胎宝宝。向胎宝宝叙述的事物要是自己熟悉的、能理解的，而且要声情并茂、绘声绘色。

小枕头变妈妈

有一天，小兔子对妈妈说："妈妈，你陪我玩儿吧。"

妈妈就陪小兔子玩儿。

玩儿了一会儿，小兔子打起了哈欠。她说："妈妈，你陪我睡觉吧。"

可是，妈妈还有很多活儿要干呢，怎么办呀？

妈妈对小兔子说："让小枕头陪你好吗？"

妈妈把小枕头放在小兔子的旁边，在她脸上亲了亲。

小兔子不想挨着小枕头睡觉，因为小枕头不好，它不会讲故事，也不会唱歌。小枕头又不是妈妈！

但妈妈说："小兔子真乖！"

妈妈还说："小兔子最听话了！"

小兔子听了，就安安静静地躺着，她打了一个大大的哈欠，闭上了眼睛。

小兔子睡醒之后，睁开眼睛一看：哈！真神奇！小枕头竟然变成了妈妈！

给胎宝宝的话

小兔子喜欢让妈妈陪着她睡觉，可是妈妈有太多的事要做，妈妈就请小枕头陪小兔子一起睡。奇怪的是，当小兔子睡醒后，发现小枕头变成了妈妈！妈妈希望宝宝也可以在妈妈不能陪伴的情况下自己睡觉，希望你还能做个甜美的梦。祝你一觉愉快！

第18周

到了这一周，胎宝宝的活动越来越频繁啦！孕妈妈可以经常幸福地感觉到胎宝宝在肚子里戳、踢、扭动和翻转，你瞧，这个小调皮正在忙着伸胳膊和蹬腿呢！

胎宝成长笔记

胎宝宝身长约14厘米，体重约180克。骨骼几乎全部是类似橡胶似的软骨，但以后会变得越来越硬。薄薄的皮肤下，血管清晰可见，耳朵也已长到了正常位置上。如果是女宝，她的阴道、子宫和输卵管都已经各就各位；如果是男宝，生殖器已经清晰可见了。

宝贝计划：魅力妈妈传递美

孕妈妈"挺"身而出的优美曲线会散发出特有的魅力，美丽带来的好心情会传递给宝宝，所以穿出最美丽的风景很重要哟。

休闲家居孕妈妈装：以宽松、舒适的棉织品为主，式样稍稍活泼一点儿。

职业孕妈妈装：质地精良，颜色不宜太深或太浅，最好选配长裤的，稍稍宽松的职业装，不要选配超短裙的那一类服装。

鞋类：孕妈妈足、踝、小腿等处的韧带松弛，应选购鞋跟较低、穿着舒适的便鞋。身体笨重起来后要穿平跟鞋，以保持身体平衡。到了孕后期，足、踝等部位会出现水肿，这时可穿大一点儿的鞋子，鞋底要选防滑的。

弹力袜和长筒袜：弹力袜可消除疲劳、腿痒，防止脚踝肿胀和静脉曲张，尤其是在孕期仍需坚持工作的话，其妙用会更为明显。

宽松的上衣：宽松下垂的T恤、圆领长袖运动衫以及无袖套头衫，这些上衣看上去很好，分娩后仍旧能穿，上衣要保证宽大且长。

背带装：孕妈妈应选用质地、造型、款式正适合的背带装，或裙或裤，它可从视觉效果上修饰你日渐臃肿的身材。

有弹性的裤子：运动装的裤子既舒服又无约束，只需将裤腰的松紧带改为带子，就可适应你的腰围。

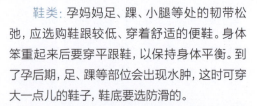

妈妈的爱: 卧室起居有讲究

◎ 不要开灯睡眠

灯光可对人体产生光压, 长时间照射会引起神经系统功能紊乱, 光线中的紫外线还能引起人体细胞发生遗传变异, 诱发胚胎发生畸变。

◎ 不要在地上铺地毯

地毯可储存室外带回的各种有毒元素, 还是螨虫栖身所在, 容易诱发孕妈妈发生过敏性哮喘。

◎ 不要久卧软床

长期久卧软床可使肌肉组织疼痛和萎缩, 最终导致肌肉韧带受损, 不利于自然分娩。

◎ 不要经常夜半入睡

经常晚睡的孕妈妈, 不仅生物钟被打乱, 而且使只有在夜间才分泌生长激素的垂体前叶功能发生紊乱, 影响胎宝宝生长, 严重时还会导致发育停滞。

◎ 远离电器噪声干扰

家电的某些声波对稚嫩的胎宝宝可能造成严重的伤害, 电磁辐射还会损害血液中的白细胞, 使得免疫力下降。

辣妈加油: 孕期肌肤保卫战

孕妈妈的肤质不会发生大的改变, 但体内激素的变化和身体状况的改变, 使肌肤会面临一些考验, 怎样做才能够帮助肌肤顺利度过孕期呢?

◎ 皮肤干燥

孕期激素分泌量的变化, 容易让一些孕妈妈的肌肤变得干燥, 尤其是空气寒冷、干燥的冬季, 有很多孕妈妈也会被这个问题所困扰。

安全策略: 用全身用的护肤品来保湿

本身肌肤就很干燥的人应该特别注意, 可以选择那些能够全身使用的护肤品来保湿。浴后用保湿霜或润体霜涂抹在肌肤上, 是防止和治疗肌肤干燥最合适的方法, 一定要是无刺激性的产品。

◎ 疙瘩和湿疹

疙瘩和湿疹是因为激素分泌的平衡被打乱而产生的, 同时因为饮食习惯的变化、体重的增加和激素的变化, 还有可能引起便秘, 这会增加皮脂分泌, 易于产生疙瘩和湿疹。

安全策略: 彻底护理肌肤, 及时就诊

当疙瘩和湿疹等皮肤问题出现时, 首先应该注意每天彻底地清洁肌肤。洗面奶要选择清爽的, 不含油脂的, 最好是无刺激泡沫洗面奶或除痘用的护肤用品。症状严重时, 一定要尽早就诊。

◎ 色素沉着

因受到雌性激素和孕激素的影响, 活化的细胞个数会大量增加。随着怀孕时间的增加, 色斑在眼部下面出现。黑色素集中的地方会形成明显的色素沉着, 肚子中心的白线会变成茶色, 乳头和乳晕、腋下周围出现黑色的情况也不少见。

安全策略: 阻挡紫外线, 摄取维生素C

外出时, 应该戴上帽子或者打伞, 防止阳光直接照射, 为了减少黑色素细胞的活动, 摄取足够的维生素C也很重要。

◎ 过敏

怀孕后受激素变化的影响, 经常会出现短

期过敏性皮肤炎症。切忌不经过医生诊断，擅自用药，防止药物对胎儿造成不良影响。

安全策略：小心口服药，到医院就诊

出现过敏症状后应该避免服用口服药。症状严重时，也可以在医生指导下在中期后使用。每天都选用对皮肤无刺激的肥皂等护肤用品。

小贴士

尽量不用化妆品

在肌肤容易敏感的怀孕期，日常的肌肤护理需要稍加注意。尽量不要用化妆品，如果出现湿疹、皮肤损伤及瘙痒等问题，应该尽早去皮肤科或妇产科就诊。去皮肤科时一定不要忘记告诉大夫你已经怀孕了，怀孕中用于治疗肌肤问题的药基本上都是不会给胎宝宝造成影响的。

孕中期补铁防贫血

铁是红细胞中血红蛋白的必要成分，红细胞就是靠血红蛋白将氧气运输到身体器官。胎宝宝会通过胎盘从孕妈妈的血液中连续吸收铁，并生成自己的血液；妊娠会使孕妈妈血液总量增加，红血球的数量也要相应地增加。

妊娠中期恰好是孕妈妈血容量增加速度最快的时期，血液相对稀释，会造成生理性贫血，血红蛋白降低。这种低血红蛋白除了血液稀释的缘故外，往往还可能是由于孕妈妈缺铁以及胎儿本身制造血液和组织对铁的需求量的增加所致。

缺铁性贫血引发的危机：

1. 红细胞运输氧气的能力将大大降低，这样会影响母体以及胎儿的正常代谢和生长发育，因此补铁对孕妈妈来说不可忽视。

2. 如果铁的摄入不足，就会发生妊娠期贫血，会导致易疲劳、眩晕、心跳过速、头痛、面色苍白、全身无力等症状。

3. 当孕妈妈体内铁的摄入量不足时，会影响胎宝宝铁的储备，使新生儿出现缺铁及缺铁性贫血。

4. 当严重贫血时，为了代偿组织的缺氧，会发生心跳加快、心输出量增多、血流速度增加等变化，继续发展可全心扩大，心肌缺氧，导致贫血性心脏病。

5. 由于贫血使孕妈妈抵抗力降低，易引起产后感染。贫血病人分娩时容易发生产后出血，又会因为氧储备不足，而使孕妈妈产时及产后即使失血不多，也容易发生休克，甚至死亡。

小贴士

缺铁必要时就医

如果通过饮食不能够解决贫血症状，应该在医生的指导下服用相应药品，必要时要给予铁剂治疗。

孕期营养：巧补铁防贫血

1. 在平时要多注意食用含铁丰富的食物，如木耳、瘦肉、蛋黄、绿叶蔬菜、有色水果等。

2. 很多孕妈妈习惯在炒青菜前用水焯一遍，虽然这样可以避免青菜的苦涩，让口感更好，但却容易将青菜中的铁带走，使孕妈妈得不到足够的补充。

3. 维生素A和维生素C可以促进铁的吸收和利用。膳食中如加入50毫克的维生素C，便能将铁的吸收率提高3~5倍。因此不妨在烹调时适当和富含维生素C的蔬菜同煮，或者多吃一些水果等，都能有效促进身体对铁的吸收。

营养加油站
炒鸡胗肝粉

原料: 米粉面条、鸡胗、鸡肝、丝瓜、花生油、葱头、盐、白糖、料酒适量，鲜汤各少许。

做法:

1. 将鸡胗、鸡肝洗净切成薄片，加少许盐、白糖、湿淀粉和料酒拌匀上浆。米粉面条用开水烫熟，捞出控水。

2. 锅置火上，放油烧至五六成热，下浆好的鸡胗、鸡肝片至七八成熟，捞出控油。

3. 原锅留底油，烧至七成热，倒入米粉面条和少许盐，翻炒3分钟，炒至柔软时，起锅装入盘内。

4. 另起一锅，将丝瓜片、葱头条炒至半熟，放入滑好的鸡胗、鸡肝片，加盐、白糖和少许鲜汤，调好口味，收汁后盛出盖在米粉面条上即可。

功效: 鸡肝补肝益肾，鸡胗健脾和胃，孕妈妈常食可防治缺铁性贫血。

胎教密语：抚摩游戏

胎宝宝有很灵敏的感觉，他的大脑在孕妈妈子宫内正处在迅速发育、发展的时期，经过抚摩和轻拍等胎教训练的胎宝宝，出生后会比一般宝宝动作灵活、感受力强，对环境的反应能力也较强，身体也会更健康。

怀孕3个月后: 来回抚摩。孕妈妈先排空小便，仰卧在床上，全身放松保持舒适，也可将上身垫高，采取半仰卧姿势。孕妈妈先轻轻呼唤胎宝宝，并将双手手指放在腹部，从上到下、从左到右轻轻触摸胎宝宝。

怀孕4个月后: 抚摩加轻轻触压拍打。孕妈妈平卧，放松腹部，先用手在腹部从上至下、从左至右来回抚摩，并用手指轻轻按下再抬起，然后轻轻地做一些按压和拍打动作，给胎宝宝以触觉的刺激。

练唱歌

画眉小不点儿从小就有个志向：要当大森林里的歌唱家。

小不点儿一大早就开始练歌，她亮开嗓门儿，向着太阳大声唱起来："哆来咪发唆，我要学唱歌；唆发咪来哆，唱歌多快乐！"

猫头鹰大叔被吵醒了，他说："不对不对，练歌不能在清早，要在晚上。"

黄莺姐姐听见了，说："不对不对，练歌就要在早晨，要喝树叶上的第一滴露水！"

　　蝉婶婶不同意，说："练歌最好在中午，太阳越晒歌声越响。"

　　到底谁说得对呢？画眉小不点儿迷惑了。想啊想，画眉小不点儿想了个好办法。她每天清早就起来练，休息一会儿中午接着练，傍晚也要练一会儿呢！

　　练呀练呀，画眉小不点儿真的成了大森林里的歌唱家！

83

第19周

胎宝宝的感官发育将会进一步得到完善，他能够听到周围的声音，甚至包括孕妈妈和准爸爸的谈话声呢！现在可是胎宝宝感官发育的关键时期哟！

胎宝成长笔记

胎宝宝身长约15厘米，体重为200~240克。他的胳膊和腿现在已经与身体的其他部分成比例了，头发开始长出，皮脂开始分泌，大脑也开始划分出嗅觉、味觉、听觉、视觉和触觉的专门区域。

宝贝计划：宫内发育迟缓须谨慎

宫内发育迟缓5因素：

1. 母体因素。营养不良、精神压力大或妊娠高血压综合征等。

2. 胎宝因素。染色体异常、宫内病毒感染、多胎妊娠。

3. 胎盘因素。发育不良、功能下降、脐带过长或扭转打结等。

4. 脐带异常。脐带附着异常、单脐动脉、脐带扭结、脐带过长过细等。

5. 环境污染。孕妈妈孕期接触有害化学物品、X线照射、环境污染等。

安全应对策略：

积极寻找致病原因；

进行相应的治疗；

产前诊断以防缺陷儿出生；

防治孕期并发症及合并症；

加强营养，补充叶酸和氨基酸；

酌情补充微量元素锌。

小贴士

宫内发育迟缓有后遗症吗？

如果是遗传因素引起的宫内发育迟缓，胎宝宝多数伴有神经系统异常。但如果是由胎盘等因素引起的，只要及时治疗宫内慢性缺血缺氧，绝大多数宝宝不会遗留后遗症。

妈妈的爱：正确"孕"动更安全

爬楼梯：只要身体不觉得疲倦就可适当进行，对于希望自然分娩的妈妈很有效果。

游泳：选择安全卫生的泳池，人多时不要下池游泳，游泳时间也要合理控制，一定要避免感冒。

骑自行车：怀孕四五个月以后，孕妈妈的身体越来越沉重，反应力和身体的灵敏度也有所下降，最好还是减少骑车。

最值得推荐的运动：每天散步30分钟至1小时，在晨起或晚饭后去花园、绿地或其他空气清新、环境幽静的地方走一走。

远离危险运动：不要进行需要奔跑、蹦跳、四肢充分伸展的运动，练习瑜伽或有氧操前，如发现不适要立即停止。

辣妈加油：应对孕期五官疾病

孕育胎宝宝，孕妈妈不仅要给他一个舒适的环境，供给他营养，还要作出伟大的"牺牲"——五官的变化，这些变化会对孕妈妈的眼耳鼻等感觉器官造成不同程度的影响，甚至带来一些似是而非的"病症"。

◎ 眼角膜水肿

原因：黄体素分泌量增加及电解质不平衡，引起角膜及水晶体内水分增加。

应对策略：产后6~8周可恢复正常。

◎ 屈光不正

原因：眼角膜弧度变得较陡，产生轻度屈光不正现象。

应对策略：多在产后5~6周恢复正常。

◎ 干眼症

原因：受激素分泌的影响，泪液膜的均匀分布遭到破坏。

应对策略：多摄入对眼睛有益的维生素A、维生素C等营养素。

◎ 听力下降

原因：内耳水钠潴留影响听力。

应对策略：补充营养，保证足够休息时间。

◎ 妊娠期鼻炎

原因：体内雌激素水平增高，引起鼻黏膜的超敏反应。

应对策略：一般无须药物治疗，严重者可在医生指导下适当用药。

◎ 妊娠期牙龈炎

原因：雌激素和孕激素水平上升，牙龈处于充血状态。

应对策略：注意口腔卫生，定期进行口腔检查。

缓解孕期压力，5招搞定！

孕期压力越小，孕妈妈、胎宝宝越健康。实际上缓解压力，并没有孕妈妈想象中那么难。

别太在意压力：有压力很正常，但为什么不分析一下产生的原因，并采取可行措施，解决引起压力的问题呢？

多听音乐：轻快、舒畅的音乐不仅能给人美的熏陶和享受，而且还能使人的精神得到有效放松。应对压力时，不妨让优美的乐曲来化解精神的疲惫。

安排好日程：有时间、有计划地去做放松的事情，锻炼、沉思、按摩疗法、深呼吸锻炼等，都可以让自己放松。

健康好方法：瑜伽、按摩和散步，这些有益身心健康的方法对孕妈妈和胎宝宝都有帮助，能够在短期内刺激身体的"放松反应"，包括降低血压、降低心率和呼吸率等。

不做工作狂：每日工作时间不超过8小时，并应避免上夜班。工作时适当休息，也可到室外活动一下，呼吸新鲜空气。

孕期营养：孕妈妈饮食"红灯区"

有些孕妈妈在孕前和怀孕期间补充很多营养，但她们却不知道，过多、盲目补充营养可能造成营养过剩，反而使一些孕妈妈面临妊娠糖尿病的威胁。

营养加油站
孕期最关键的营养素

钙：膳食平衡基本能满足每日所需，通常无须对补钙过于紧张，孕中期每日饮牛奶两杯(400~500毫升)基本可满足需求。补钙过量会抑制铁、锌等的吸收，还会导致宝宝出生后没有囟门或囟门闭合过早。

叶酸：叶酸是有效预防新生儿神经管畸形的水溶性维生素，叶酸缺乏会引起孕妈妈巨红细胞性贫血。但叶酸并非补得越多越好，过量摄入会增加神经损害的危险性，日补充叶酸800微克最有效。

维生素：大部分维生素在体内不能合成或合成量不足，必须通过食物补充。其中脂溶性维生素(包括维生素A、D、E等)吸收后可在体内贮存，过量摄入则容易蓄积中毒。

微量元素：大部分微量元素在孕期的需要都有所提高，但并不是"多多益善"。大多数孕妈妈只要保持平衡合理的饮食习惯，不挑食，不偏食，就可以在食物中得到所需要的量。

脂肪：过多的脂肪可能产生高热能而导致孕妈妈肥胖，动物脂肪含有较多的饱和脂肪酸可能导致心脑血管硬化，因此应摄入适量的植物脂肪。

蛋白质：孕妈妈每日蛋白质需要量为90~100克，但高蛋白饮食会影响孕妈妈食欲，增加胃肠道负担，影响其他营养物质摄入。过多摄入蛋白质，还容易引起腹胀、食欲减退、头晕、疲倦等现象。

慎重服用保健品：有的孕妈妈每天要补充很多保健品，如蛋白粉、复合维生素、铁剂等，这很容易导致维生素及微量元素超标，影响胎宝宝发育，甚至可能造成流产、早产、胎宝宝畸形等严重后果。

小心进补莫过度：除体质特别弱的孕妈妈，需在医生指导之下进食滋补品外，健康孕妈妈尽量不随意吃补品。像桂圆、荔枝、红参都是温补助阳之品，大量服用对胎宝宝不利。

胎教密语：拒绝不当胎教

◎ 不当胎教："拍打胎教"法

当胎宝宝踢肚子时，有些孕妈妈就会轻轻拍打被踢部位，胎宝宝再踢，孕妈妈就会再拍打。

重点提醒：新生小宝宝除了吃东西会睁开眼外，大部分时间都是在睡眠中度过，就连大小便也可以闭着眼完成。当宝宝还在腹中的时候，胎动并不是闲来无事在和妈妈做游戏，他可能是伸个懒腰或换个睡姿。妈妈的拍打很容易引起他的烦躁不安，这并不能起到胎教的作用。

◎ 不当胎教："声音胎教"法

直接把录音机、收音机等放在肚皮上，使用不合格的胎教音乐或让胎宝宝自己听音乐，将胎教变成用单纯的物理声波来刺激胎宝宝。

重点提醒：音乐通过母体的传递，再被胎宝宝的听觉神经感受到时，已不再是原有意义上的和谐的旋律与节奏，所以要注意音乐的选择和播放的科学性，不能变成有害的噪声。否则，胎宝宝不仅得不到安静的环境，神经也会变得紧张。

◎ 不当胎教："早早胎教"法

有的准爸爸和孕妈妈知道自己即将做父母后，立刻就迫不及待地要为宝宝做胎教。

重点提醒：其实这么早做胎教不仅没有作用，而且可能会影响胎宝宝的生长发育。准爸爸和孕妈妈在胎宝宝还没有足够的认知、记忆能力的时候就进行胎教，既没有意义，更可能骚扰到胎宝宝的睡眠，也影响到他们的生长发育。所以胎教时间有讲究，需要循序渐进，逐步进行。

◎ 不当胎教："随时随地胎教"法

孕妈妈只要想起来就进行胎教，不分时间和地点，不掌握胎宝宝的活动规律随意进行。

小贴士

胎教要在宝宝觉醒时进行

胎教要适时适量，应观察了解胎宝宝的活动规律，一定要选择胎宝宝觉醒时进行胎教，且每次不超过20分钟。其次，胎教要有规律性。每天要定时进行胎教，让胎宝宝形成规律生活的习惯，同时也有利于出生后为其他认知能力的发展奠定基础。最后，胎教要有情感交融。在施教过程中，孕妈妈应注意力集中，完全投入地与胎宝宝共同体验，建立起最初的和谐亲子关系。

小蜡烛的心愿

从前，有一支粉红色的小蜡烛，和许多不同颜色的小伙伴一起聊天儿。

粉红色的小蜡烛问大家："你们想发光吗？"

"当然，我们都是蜡烛嘛！"一支紫色的蜡烛大声地说。

"那么，你想点亮什么地方呢？"粉红色的小蜡烛又问。

"哪儿都成，只要火柴兄弟快些来，我都有些不耐烦了。"说话的是一支绿色的小蜡烛。

"我想点亮一个生日蛋糕，让一个快乐的小男孩把我吹灭。不过，在熄灭前，我会好好地发光，认真地看看小男孩的眼睛。"

粉红色的小蜡烛话音还没落，火柴就点亮了他的头顶，小蜡烛真的被插在一个香喷喷的奶油蛋糕上。

粉红色的小蜡烛笑了。

给胎宝宝的话

　　小蜡烛有个美好的愿望，希望为小男孩点亮生日蛋糕！宝宝，你出生的日子就是你的生日，这可是值得纪念的日子啊！妈妈也希望为你点亮生日蛋糕！为宝宝过一次生日，宝宝就长大一岁啦。你有自己的小心愿吗？如果有，就悄悄地告诉妈妈，我们一起来努力实现吧。

 第20周

恭喜孕妈妈！现在你已经走过了一半的孕程。而胎宝宝呢，在妈妈肚子里活动得更频繁了，甚至有时运动过于剧烈，还会让孕妈妈整晚睡不着觉呢！

胎宝成长笔记

胎宝宝身长16~17厘米，体重为250~300克。本周胎宝宝发育比较平稳，其中四肢已发育良好，头发在迅速生长，牙齿也正处于发育中，肾脏已能够制造尿液。胎宝宝经常通过喝羊水来吸收营养，并且在羊水里呼吸和尿尿。

宝贝计划：开始做第二次产检

体重：孕检必测项目，通过孕妈妈的体重可以间接检测胎宝宝的成长。

血压：一般20周以后会出现高血压，它将影响胎宝宝的发育成长。

尿检：检查尿液中是否有蛋白、糖及酮体等，可以提示有无妊娠高血压等疾病出现。

B超：超声检查是一种非损伤性和无痛苦的检查方法。

血液检查：如肝功能、肾功能等。

宫高与腹围：测量宫高及腹围，以估计胎宝宝宫内发育情况，根据宫高孕图曲线可判断胎宝宝是否发育迟缓或过快。

 小贴士

B超检查安全吗？

超声波是一种机械波，产生的只是热能，而且超声检查一般不会超过10分钟，声能也控制在安全范围之内。诊断剂量的B超检查，一般对胎宝宝是没有影响的。

妈妈的爱：别忽视羊水穿刺

◎ 最佳穿刺抽取羊水时间

孕16~20周。此时胎宝宝小，羊水相对较多，抽取羊水时不易刺伤胎宝宝，也不会引起子宫腔骤然变小而流产。

◎ 孕晚期羊水穿刺检查

可测定血型、胆红素、卵磷脂、胎盘泌乳素等，了解有无母儿血型不合及胎宝宝肺成熟度、胎盘功能等。

◎ 羊水穿刺步骤

1. 具有适应症的孕妈妈先做B超，确定胎盘位置、胎宝宝情况，选好进针点。

2. 消毒皮肤，铺消毒巾，局部麻醉，用带针芯的腰穿针垂直刺入，穿过腹壁和子宫壁后取出针芯。

3. 用注射器分别抽吸羊水2毫升和20毫升，分别装在两支消毒试管内。

4. 取出的羊水离心5~10分钟，清液做生化试验，沉渣做细胞培养或提取DNA用。

辣妈加油：缓解5种乳房不适

乳房是孕妈妈最早出现惊奇变化的身体部位之一，它们日益变得充盈而饱满，以备分泌乳汁供宝宝吮食。

1. 乳房变大

最大的变化在于体积变大，并向两侧腋下扩展，乳头的距离也随之变大，整个乳房的形状呈圆锥状。

应对策略：这是正常现象，只要选择适合的孕妈妈内衣即可，也可做胸部按摩进行护理。

2. 乳晕加深

孕期乳晕和乳头会因为黑色素的沉淀，颜色加深。

应对策略：这是正常现象，这些黑色素大多会在产后逐渐淡化。

3. 乳房胀痛

激素的剧烈变化使得乳腺腺泡和腺管增生，乳房会出现类似肿块的东西，压挤乳头还会有黏稠淡黄的初乳产生。

应对策略：这是为了哺乳做准备。只要注意清洁乳房即可，用热毛巾敷一下可缓解胀痛。

4. 出现副乳

因为激素的变化，孕妈妈会发现自己长出副乳。

应对策略：借助内衣将不明显的副乳脂肪移位，只要不影响外观，不必过于担心。

5. 纠正内陷乳头

怀孕期间乳头可能会出现内陷。

应对策略：每天做做按摩操，或是进行牵拉纠正疗法。

小贴士

乳房保养早准备

清洁是基本，每天擦洗乳头数次，可增加弹力并使表皮增厚，从而耐受新生宝宝吸吮，减少产后乳头皲裂的发生。

尿液、B超检查很重要

◎ 尿液检查

能依据尿中出现的蛋白、红细胞、脓细胞等，诊断出体内有哪些不正常——如果有发热、腰痛、尿痛、排尿次数增多的症状，很可能是尿路感染。

要是有不适的感觉或尿液指标异常，对肾脏的检查不能疏忽，妊娠中毒性肾脏病在年轻初产妇和高龄初产妇中发病都比较普遍，这是对孕妈妈危害很严重的一种疾病，应及时发现、及早治疗。

一些孕妈妈在胎宝宝6个月左右，腿、脚有明显的水肿现象，这是一个不太好的信号，尿检必不可少。如果尿中出现蛋白，血压开始升高，则表明孕妈妈患有妊娠中毒症。必须卧床休息，严密监测水肿、尿蛋白发展情况，以及肾功能，适当限制饮水量和食盐量。

◎ B超检查

胎囊：胎宝宝正常，你就能透过B超清楚地看到圆形或椭圆形的胎囊。

胎头：如果有缺损或者变形，就说明不正常。脑中线没有移位，也没有脑积水，就算正常。另外，通过测量胎头双顶径，可以估计胎宝宝的胎龄及其成熟度。

胎心：胎心存在且强，就说明胎宝宝是正常的，正常的胎心率为120~160次/分钟。如果有但是比较弱，就说明不太正常，可能有问题。但是如果胎宝宝在睡觉，胎心也会比较弱。

胎盘：胎盘厚度一般介于25~50毫米，并且根据胎盘光点、绒毛膜等方面的变化，把其成熟度分为0级、1级、2级和3级。其级别表示成熟度。正常的孕早期多为0级，随着胎盘的日益成熟，到了中晚期，就发展到了3级。

股骨：主要是指大腿骨的长度，其正常值应该与相应孕月份的双顶径值相差小于20~30毫米。

羊水：羊水的正常深度为3~7厘米，如果超过7厘米，说明羊水增多；而不到3厘米，则说明羊水过少。这都是异常情况，都会危及胎宝宝的正常生长发育。

脐带：发育正常的胎宝宝，脐带应该漂浮于羊水中，如果你在胎宝宝颈部看见其脐带影像，就有可能是脐带绕颈，说明其不正常。

孕期营养：科学补磷很关键

磷存在于人体所有细胞中，是维持骨骼和牙齿的必要物质，几乎参与所有生理上的化学反应。磷还是使心脏有规律地跳动、维持肾脏正常机能和传达神经刺激的重要物质。

◎ 无处不在的磷

磷在很多食物中都存在，各种粮食、鱼、肉、蛋、奶、豆类等都含有丰富的磷脂，而且很多食物中的磷都比较容易为人体所吸收。

◎ 含磷量高的食物大排名

在每100克食物中：带鱼含磷222毫克；瘦

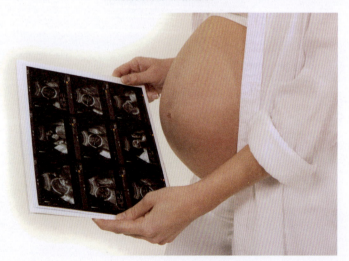

肉含磷185毫克; 豆腐含磷179毫克; 鸡蛋含磷118毫克; 油菜含磷58毫克; 牛奶含磷55毫克。

◎ 天然食物富含磷

未精制的谷类、蛋、干果类及各类种子等，可以说，几乎所有的天然食物都富含磷。

◎ 安全补磷有原则

需要注意的是，含有草酸的食物会抑制磷的吸收，而各种金属离子镁、铁、铝等也可以和磷酸结合形成不溶性盐，影响磷的吸收。另外，过多钙的吸收也会与磷形成竞争性抑制，阻碍磷的吸收。因此在饮食上，应该保证磷钙的合理摄取比例，应为1:1~1:2。

小贴士

科学合理摄取磷

备孕、孕期和哺乳期对磷的需求量约为2克/天。摄取过量的铁、铝、镁时，会使磷的作用减弱或失效。但磷的摄取也需适度，如过多摄取磷，会破坏矿物质的平衡和造成缺钙。

胎教密语：和胎宝宝一起做游戏

游戏胎教是一种寓教于乐的方式，主要通过游戏的亲子互动刺激胎宝宝脑部的成长。准爸爸和孕妈妈对胎宝宝进行游戏胎教训练，不仅可以增强胎宝宝活动的积极性，而且有利于胎宝宝智力的发育。

◎ 游戏刺激大脑发育

胎宝宝的成长就如同幼儿发育一样，如果

营养加油站
豆腐肉泥

原料：豆腐、胡萝卜、猪肥膘肉、水发香菇、鸡蛋、熟油、干淀粉、盐、味精、料酒各适量。

做法：

1. 豆腐片去表皮，用刀抹成泥；把猪肥膘肉剁成泥；将两种泥放入碗内，加盐、味精、料酒、干淀粉拌匀。

2. 取3个鸡蛋的蛋清放入碗内，搅打成泡沫状，倒入豆腐和肉泥，搅拌均匀。

3. 胡萝卜洗净刮皮，切片，取大盘1个，放入胡萝卜片，抹上油，将豆腐肉泥倒入摊平。

4. 上屉用旺火蒸5分钟，取出即成。

功效：含有丰富的蛋白质、钙、磷、铁和胡萝卜素等多种营养素，有利于胎宝宝骨质发育。

时常以游戏来刺激手脚的反应，胎宝宝就会在游戏中得到成长，对脑部发育也有相互回馈的作用。3个月左右的胎宝宝听觉、触感神经已经发展，游戏胎教可以使胎宝宝与孕妈妈之间的互动增加，促进彼此的感情，有助于胎教未来的发展。胎宝宝也会有好心情，可以增加其与孕妈妈共同交流的兴趣。

◎ 游戏胎教法

游戏胎教强调孕妈妈与胎宝宝的互动，与胎宝宝隔着肚皮做游戏，就可以增强胎宝宝的积极性，从而培养其积极的性格。当胎宝宝踢孕妈妈肚子时，孕妈妈可轻轻拍打被踢的部位，然后等待第2次踢肚，一般在一两分钟后，胎宝宝会再踢，这时再轻拍几下，接着停下来。

香甜的歌

　　喳喳喳！喳喳喳！小鸟的歌唱给叶儿听，叶儿更绿了。

　　呱呱呱！呱呱呱！青蛙的歌唱给苗儿听，苗儿更青了。

　　嘎嘎嘎！嘎嘎嘎！小鸭的歌唱给草儿听，草儿更嫩了。

嗡嗡嗡！嗡嗡嗡！蜜蜂的歌唱给花儿听，花儿更艳了。

叽叽叽！叽叽叽！小鸡的歌唱给妈妈听，妈妈更乐了。

喳喳喳，呱呱呱，嘎嘎嘎，嗡嗡嗡，叽叽叽……大自然有好多好多好听的歌：香香的，甜甜的。

小宝宝听着香甜的歌，轻轻入睡了。

给胎宝宝的话

叶儿听了小鸟的歌，更绿了；花儿听了蜜蜂的歌，更艳了；宝宝听了甜美的歌，睡得更香了。今晚，就让我们一起在优美的歌声中闭上眼睛吧，妈妈陪你做个好梦！

第21周

胎宝宝现在可以称得上是个小运动健将了，平均一个小时要动50次，差不多是每分钟就要动一次呢！从现在开始，胎宝宝的主要任务就是增加体重！

胎宝成长笔记

胎宝宝身长约18厘米，体重为300~350克。胎宝宝的眉毛和眼睑清晰可见，手指和脚趾也开始长出指甲。在身体发育时，胎宝宝的听力达到一定的水平，可以听到妈妈的声音，并逐渐变成有意识、有感觉、有反应的人了！

宝贝计划：小心肌肤瘙痒

身体健康的孕妈妈在孕期发生的全身肌肤瘙痒，原因大致有两种：一个原因是由于孕妈妈肌肤日益膨胀所致；另一个原因则是病理性的，医学上称为妊娠期肝内胆汁淤积症。

妊娠性皮肤瘙痒症：大部分孕妈妈的肌肤瘙痒，主要是由于腹壁过度伸展出现妊娠纹以及腹壁的感觉神经末梢受到刺激的缘故。症状轻微，一般无须特殊治疗。

妊娠性胆汁淤积症：伴有严重瘙痒且在手脚上还出现湿疹，由于妊娠期肝内胆汁淤积所引起的肌肤瘙痒则与前者截然不同，主要区别是在眼内或肌肤表层，可见黄疸出现，并可伴有呕吐、恶心等症状出现。瘙痒感可遍布全身肌肤。这种妊娠期肝内胆汁淤积症对胎儿影响很大，严重者会发生早产、胎死宫内等非常严重的后果，因此如果发现肌肤瘙痒并伴有黄疸出现，孕妈妈应高度重视，尽快到医院就诊，千万不可擅自用药。

应对策略：

1. 孕妈妈在孕期都面临肌肤瘙痒，多半是由孕妈妈体内缺水引起的，因为怀孕后，体内对水分的需求量增加，因此多吃蔬菜、水果，并保证每天的饮水量是从根源上解决孕期瘙痒的最好办法，少吃辣椒、韭菜、大蒜等刺激性食物。

2. 改善孕期的饮食也可以杜绝或缓解孕期肌肤的瘙痒。建议可以多食猪皮，多吃一些芝麻、核桃类的食物。

3. 对于腹部肌肤的瘙痒，最好是选用专用

的妊娠霜，不仅可以止痒，还可以有效地防止妊娠纹的产生。

4. 注意尽量不要用手去抓挠，一旦抓破了，还会使皮肤状况进一步恶化。选用药膏时，一定要经过医生的诊断。

5. 过紧的内衣会使皮肤受到强烈的刺激，且容易流汗，很容易诱发湿疹和皮肤瘙痒。应穿着宽松的、透气性和吸水性好的内衣。出汗后应该尽快换衣服。

6. 因洗涤剂也可能引起瘙痒和损伤，直接与皮肤接触的衣物应该好好漂洗，彻底将衣物内残留的洗衣粉或是洗涤剂清除干净。

7. 洗热水浴会加重瘙痒，平时尽可能将水温调低，只要比体温稍高些就可以。

妈妈的爱：远离孕期各种痛

◎ 头痛

症状：头痛并呈进行性加重，同时伴眼花、耳鸣、心悸、严重水肿或高血压。

应对策略：尽早看医生，检测血压、血常规或眼底。

◎ 胸痛

症状：冠脉缺血可引起心绞痛，心脏疾病、胆囊炎或胆结石也可出现胸痛。

应对策略：及早诊断，注意休息，限制水和盐的摄入，酌选利尿剂治疗，必要时住院待产。

◎ 腰痛

症状：腰部肌肉过于疲乏而产生腰痛。

应对策略：减少活动，适当休息，必要时可使用腹带减少腰肌张力。

◎ 尿道痛

症状：尿潴留导致尿路感染，出现尿痛、尿频、尿急等症状。

应对策略：加强会阴部卫生，多饮水，尽量采取左侧卧位，减少子宫对输尿管的压迫。

◎ 牙痛

症状：因缺钙导致牙齿受损，产生龋齿或牙痛。

应对策略：注意补充钙和维生素D（或鱼肝油胶丸）。

辣妈加油：孕期要享受"性"福

在妊娠3个月和临产前2个月之间，准爸爸与孕妈妈可以适量过性生活。在此期间的性生活是安全的，而且孕期有性欲，说明孕妈妈的全身性健康状况良好。

怀孕后由于生理上和心理上起了巨大的变化，应该减少性交次数和注意性交姿势，避免压迫孕妈妈腹部，还要注意性生活前后的清洁卫生。

对有习惯性流产史、早产史，孕期有阴道流血、妊娠高血压综合征，以及妊娠合并心脏病、高血压和糖尿病者，还是应该避免性生活。

最好采取边缘性接触，通过搂抱、抚摩、亲吻的方式达到性的满足。

小贴士

孕期做爱好处多

做爱时随着子宫的收缩，血管的充盈可以运送更多的血液和营养，有利于胎宝宝的成长。准爸爸与孕妈妈大可不必在孕期放弃性生活，应该尽可能地享受"性"福。有了宝宝后的喜悦，会让夫妻生活质量空前提高。

提升孕妈妈免疫力

免疫力，就是抵抗力，是人体与生俱来的自然抗病能力。孕妈妈在孕期提高免疫力，有效地抗击疾病的入侵很重要，关注加固免疫力的4个守护策略吧!

◎ 吃出免疫力

营养充足，机体抗病力就强，疾病就不易上身。充足的蛋白质、适量的维生素和一些微量元素具有免疫调节功能，孕期膳食应合理搭配，营养均衡，同时注意饮食结构多样化。

◎ 睡出免疫力

孕妈妈如果睡眠不足会使体内的T细胞和巨噬细胞数量减少，患病的概率增加。有效改善睡眠，睡前饮一杯热牛奶，夏天可用冰枕、玉枕，冬天可用热水泡泡脚。

◎ 锻炼出免疫力

孕妈妈缺乏运动，会产生肌肉酸痛、疲惫无力的现象。肌体处于运动状态时，免疫细胞分泌干扰素的量比平时增加1倍以上。对免疫系统来说，运动胜过所有的药物。

◎ "高兴"出免疫力

如果心理经常处于焦虑状态中，自身免疫力就会相对降低。孕妈妈要做好自我调适，寻找一些减压的方法。

孕期营养: 应对烦人的便秘

便秘是孕妈妈最常见的烦恼之一，但也容易被很多孕妈妈所忽视。然而，千万别小看便秘，多日未能排便会增加孕妈妈体内毒素，导致机体新陈代谢紊乱、内分泌失调及微量元素不均衡，孕妈妈腹痛、腹胀，严重者可导致肠梗阻，并发早产，危及母胎安危。

◎ 揪出孕妈妈便秘元凶

食物通过胃时间长。怀孕后血中孕酮增加80倍以上，胃动素的含量却下降，致使胃肠道蠕动慢，食物通过胃的时间长，自然容易发生便秘。

孕妈妈活动过少。孕妈妈怀孕后，唯恐活动会伤了胎气，加上家人的特别"关照"，往往活动减少，整天坐着或躺着，使得蠕动本已减少的胃肠对食物的消化能力下降，加重腹胀和便秘的发生。

小心器质性病变。一些孕妈妈孕前曾出现痔疮、肛裂等直肠疾病，发病未能得到及时治疗，到了孕期就很容易使病情加重，这些都会增加孕妈妈患便秘的概率。

日益增大的子宫。怀孕中晚期后孕妈妈的子宫逐渐增大，也会压迫血管，使得下半身的血液发生瘀血而诱发痔疮。胀大的子宫压迫排便肌肉，也会造成排便困难。

◎ 防便秘基本法

不吃辛辣食物。如胡椒、花椒、生姜、葱、蒜等，以及油炸的食物，少吃不易消化的东西。

多吃富含膳食纤维的果蔬。如马齿苋、芹菜、白菜、菠菜、木耳、黄花菜，以及苹果、香蕉、桃、梨、瓜类等。遇到便秘时还可多吃一些含植物油脂的食品，如芝麻、核桃等。

营养加油站
雪菜炒鲜鱿

原料: 雪菜、鱿鱼(鲜)、粉丝、调料若干。

做法:

1. 雪菜洗净切小粒，粉丝浸透切段，鲜鱿鱼洗净切块。

2. 酱油、料酒、胡椒粉、香油调配成腌料，鱿鱼块加入姜丝，同腌料一起拌匀。

3. 雪菜炒透，加入调味料，粉丝同煮5分钟。

4. 将鱿鱼、红椒丝放入上述材料中煮熟即可。

功效: 雪菜含有丰富的维生素和食用膳食纤维，可开胃消食、防治便秘。

多饮水。最好早晨起来后喝一杯淡盐水或蜂蜜水，这样可避免便秘，减少硬结粪便对痔静脉的刺激。

胎教密语: 情绪胎教第一步

孕妈妈必须拥有平稳、乐观、温和的心境，只有这样，才能使胎宝宝的身心健康发展。但是，生活的道路上并不总是充满阳光，孕反应的不适，对分娩的恐惧，以及工作中的矛盾等因素，常常左右着你的情绪，使你忧虑不安，甚至变得爱发脾气，易于冲动。显然，这对于胎教来说是十分不利的，摆脱消极情绪的方法:

告诫法: 在孕期中，要经常告诉自己不要生气，不要着急，宝宝正在看着呢。

转移法: 消除烦恼的最好办法就是离开使你不愉快的情境，可以通过一项能引起你喜欢的活动，如听音乐、看画册、郊游等，使孕妈妈情绪由焦虑转向欢乐。

释放法: 这是相当有效的情绪调剂方法，孕妈妈可通过写日记或向可靠的朋友叙说自己的处境和感情，使烦恼烟消云散，得到令人满意的"释放"。

社交法: 闭门索居只会使孕妈妈郁郁寡欢，因此，孕妈妈应广交朋友，将自己置身于乐观向上的人群中，充分享受友情的欢乐，从而使情绪得到积极的感染，从中得到满足和快慰。

协调法: 每天抽出30分钟到附近草木茂盛的宁静小路上散步、做体操，心情会变得非常舒畅。尤其是美妙的鸟鸣声更能帮助孕妈妈消除紧张情绪。

小刺猬背果子

天气真暖和呀！

小刺猬从盖满树叶的小窝里爬出来，悄悄地向山野上走去。

山野上的果子红了。小刺猬想：冬天就要来了，可不能再贪玩了，应该趁着这样好的天气，给自己准备过冬的食物啦！

他不停地忙碌着，采来红红的山楂、野枣，还有一些甜甜的小浆果。

他用背上的刺扎住这些红色的小野果，一趟一趟地往家里运送。

小刺猬想：多准备一些总是好的，因为冬天总是好长好长。

小刺猬终于把过冬的食物准备够了，他伸了个懒腰，说："太好了，这下可以放心地、美美地睡上一觉啦！"

小刺猬在窝里睡着了。等长长的冬天过去，小刺猬会重新从小窝里走出来。那时候，迎接小刺猬的，将是一个温暖的春天。

给胎宝宝的话

为了迎接冬天的到来，小刺猬准备了很多果子；为了迎接宝宝的到来，妈妈为你准备了漂亮的衣服和好玩的玩具。妈妈像小刺猬期待春天一样，期待着宝宝的到来。

第22周

胎宝宝的心跳现在十分有力，而胎宝宝非常爱动，不过孕妈妈的身体应该舒服了很多，现在可是整个孕期最轻松的时候，好好儿享受一下吧！

胎宝成长笔记

胎宝宝身长约19厘米，体重为350~400克。胎宝宝的体重开始大幅度地增加，看起来更像一个小人了，只是脸上皱巴巴、皮肤红红的，头上脸上布满了胎毛，全身覆盖着胎脂。宝宝清醒的时间也越来越长，喜欢听到来自外界，尤其是妈妈的声音。

宝贝计划：一起洗个安全澡

洗澡对于孕妈妈是很重要的，可以让她们放松、心情愉快。但是洗澡存在很多危险因素，因此要小心才能洗个"安全澡"。

◎ 注意温差不要过大

洗澡前后的温差过大，很容易刺激孕妈妈的子宫收缩，造成早产、流产等现象。尤其是夏冬两季，冬天气温低，孕妈妈不宜马上进入高温的浴室中洗澡，应及早进入浴室，慢慢适应浴室内逐渐升高的温度；夏天气温高，孕妈妈不能求凉快而洗冷水澡。

洗澡的水温应适中，不宜过冷也不宜过热。

◎ 要注意水的温度

孕妈妈在怀孕早期洗澡时室温不宜过高，以皮肤不感到凉为宜。无论春夏秋冬，浴水温度最好与体温接近，以35℃~38℃为宜，不能洗冷水浴或蒸桑拿，因为过冷会影响孕妈妈的血液循环，不利于母体健康及胎儿发育，如果水温或室温过高可能因为缺氧导致胎儿发育不良。有的女性为了皮肤保健，在淋浴时会冷热水结合，这种方法对孕妈妈来说很容易影响子宫和胎宝宝，不宜采取。

◎ 洗澡时间不能太长

每次沐浴的时间不要过长，以10~20分钟为宜，因为洗澡时间过长，不仅皮肤表面的角质层易被水软化，导致病毒和细菌的侵入，而且孕妈妈容易产生头昏的现象。另外，洗澡频率应根据个人的习惯和季节而定，一般来说3~4天一次，有条件的话，最好是每天1次。

◎ 不要坐浴

坐浴容易使细菌进入阴道，造成阴道炎、附件炎等疾病。因此相对而言，淋浴比较安全

卫生。如果喜欢坐浴，则一定要保证浴缸和水的清洁。

◎ 不要长时间冲淋腹部

尤其不要用热水长时间冲淋腹部，减少对胚胎的不良影响。

◎ 不要反锁浴室门

孕妈妈洗澡时要注意室内的通风，避免晕厥，最好不要锁门，万一晕倒、摔倒，可得到及时救护。

小贴士

浴室要通风好

沐浴用品以中性、无刺激、无浓烈香味、具保湿性的为佳；洗澡时产生的水蒸气，容易导致孕妈妈缺氧引起头晕而发生跌倒事件，所以浴室要有良好的通风设备。

妈妈的爱：用心打造居室安全

无论是在公共场所，还是在办公室里，孕妈妈都会很小心地保护着肚子里的宝宝。而在家里，孕妈妈却容易因为环境太熟悉而"放松警惕"，往往因此出现种种险情。其实，孕妈妈不光在外边要小心，在家里同样要处处留心，别让最信任的地方，成了最容易伤害胎宝宝的地方。

◎ 厨房：防有毒气体

做饭时保持空气流通。厨房中的煤气或液化气燃烧后，在空气中会产生多种对人体有害的气体，必须要保持厨房的空气流通，打开窗户，并使用抽油烟机。如不能很好通风，孕妈妈应尽量减少长时间在厨房劳动。

◎ 起居室：防碰撞

不要轻易改变家具的摆放位置。因为孕妈妈已经习惯于原来的摆放次序了，一旦变了位置，没反应过来，没准儿一转身就撞在桌子角上、被椅子绊个跟头。地板易滑，要在上面铺上防滑垫，以免孕妈妈摔倒。注意把各种电源线的位置安排好，不要放在经常走动的地方，以免被绊倒。

◎ 卧室：防不安全

采用正确的居室清洁方法。大量的消毒剂虽然能使房间的病原菌被消灭，但消毒剂本身的有毒物质却会有导致胎宝宝畸形的副作用，正确的做法是保持房间的空气流通。不要使用电热毯，它会使休息状态的细胞长时间处于电磁波中，不利于人体健康，更会影响到肚子里的胎宝宝。

辣妈加油：小心路上的雷区

行人：上班途中应慢行，眼观四方，对面有行色匆匆的行人走过来需立刻避让，以免他撞过来而躲闪不及。

滑地板："腹"荷使得孕妈妈的重心发生了变化，胎儿的重量使孕妈妈向前，在打滑的地板上行走，孕妈妈要稍稍向后倾以抵消向前的重力，以免摔倒。

开车上班：要牢记佩带安全带，安全带的正确系法是：横带一段箍在腹下及大腿骨之上，将带紧贴盆骨，并可在身后加坐垫以减轻腰背的压力。

搭出租车上班: 不要坐副驾驶位, 防止危险情况发生。

搭地铁或公车上班: 应选择车头或车尾等人较少、空气较流通的位置, 尽量避免被人撞伤。

营养不良危害孕妈妈

"节"出营养不良。孕期节食会造成蛋白质、脂肪摄取不足, 缺乏锌、钙等微量元素。孕妈妈在妊娠期间需要大量的营养物质来供给胎宝宝生长发育, 节食会使胎宝宝在发育过程中由于营养摄取不足, 导致某些先天发育缺陷。

"吐"出营养不良。孕吐常常让孕妈妈寝食难安, 尤其是吃不了东西或胃口改变, 导致营养缺乏。有的孕吐反应特别强烈, 完全没办法进食, 只能靠输液来补充营养。孕妈妈可以喝些淡盐水, 以防止呕吐造成的低钠现象, 在孕吐反应较轻时可增加食量, 以满足营养需要。为缓解孕吐症状, 可以吃些柑橘、杨梅等水果, 这样增加胃酸, 促进胃肠道蠕动和增加食欲, 有助于食物的消化吸收。

"补"出营养不良。孕妈妈摄取过多的肉类、水果等食物, 积累了大量糖分、脂肪和油脂, 但又对维生素、微量元素等摄取不够, 营养过剩的同时又属于营养不良。有些孕妈妈基本上用水果代替正餐, 或不停地吃零食, 没有摄取足够的主食, 也存在同样问题。

"挑"出营养不良。由于以前的饮食习惯或是怀孕期间口味的改变, 仅仅依照自己的喜好与想法摄取食物, 摄取的营养不均衡, 因此最终影响胎宝宝的发育。建议孕妈妈应采用少

食多餐方式, 且饮食不可单一, 应尽量多食用粗粮、豆制品、谷类、蔬菜及富含不饱和脂肪酸等营养的食物。由于胎宝宝在不同的阶段所需营养、热量不同, 孕妈妈应根据不同的孕期阶段制订合理的营养计划, 调整食谱。

孕期营养: 走出补血误区

孕妈妈更容易出现贫血问题, 而生活中一些错误的观点让我们陷入补血误区, 需要我们格外注意。

误区1: 只吃红枣可补血

红枣本身虽具有补血的作用, 但若只单吃红枣, 效果却是相当微弱的。可用红枣搭配葡萄干、龙眼等一起吃, 效果会比单吃红枣来得有用。

误区2: 红糖有补血功效

民间一直流行红糖水可以补血的说法, 但事实上红糖并没有补血的有效成分, 而且红糖若提纯不够, 里面还可能含有杂质。

误区3: 荤菜不利于补血

动物性食物不仅含铁丰富, 而且吸收率也高, 因此不吃或少吃肉容易引起缺铁性贫血。

误区4: 补血保健品有奇效

贫血是一种症状, 而不是独立的疾病。市场上销售的各种补血保健品, 虽然对缺铁性贫血有辅助疗效, 但并不能代替正规补铁。

胎教密语: 美学胎教的方法

我们生活的这个世界里到处充满了各种各样的美, 人们通过看、听、体会, 享受着这美好的一切。对胎宝宝进行美学的培养, 则需要通过孕妈妈将感受到的美通过神经传导

营养加油站
炒鳝丝

原料: 鳝鱼肉、青椒丝、笋丝,香油数滴,调料各适量。

做法:

1. 鳝鱼切丝,加盐和料酒腌10分钟。

2. 葱丝和姜丝煸炒出香味,将鳝鱼丝倒入翻炒,然后放入青椒丝和笋丝,加盐、糖和鸡精翻炒,淋入香油即可出锅。

功效: 鳝鱼营养丰富,含蛋白质、脂肪、钙质、磷、铁等多种重要的营养素,孕妈妈常食可补气血。

给胎宝宝。

想要正确地对胎宝宝进行美学胎教的孕妈妈们,了解音乐美学、生活美学和自然美学是很有必要的。

◎ 音乐美学胎教

音乐能使孕妈妈心旷神怡,从而使其情绪达到最佳状态,并通过神经系统将这一信息传递给腹中的胎宝宝,使其深受感染。

◎ 生活美学胎教

孕妈妈做一些手工,做漂亮的布贴画、可爱的玩偶、美丽的插花等,也是胎教的一种方式,能够让胎宝宝在母体内受到美的感染,从而获得初步的审美观。

◎ 自然美学胎教

孕妈妈如果能在孕期练就一双善于发现美的眼睛,沉浸在美好的感觉体验中,相信胎宝宝也能感觉愉悦,并逐渐形成一种乐观积极的性格。

小熊的花

小狗和小猫吵架啦。

小狗气呼呼地说："我再也不跟你玩儿啦！"

小猫气呼呼地说："我再也不跟你玩儿啦！"

小熊知道了，说："我得想个办法让他俩和好。"

小熊拿着一束花去找小狗，小狗接过花高兴地说："谢谢你，小熊，这花真漂亮！"

小熊摆摆手说："不用谢我，这花是小猫让我送你的。"

　　小熊拿着一束花去找小猫，小猫接过花高兴地说："谢谢你，小熊，这花真漂亮！"

　　小熊摇摇头说："不用谢我，这花是小狗让我送你的。"

　　小狗跑去找小猫。

　　小猫也跑去找小狗。

　　小狗说："小猫，谢谢你送我的花。"

　　小猫说："小狗，谢谢你送我的花。"

　　小熊从树后跳出来："好啦好啦，好朋友快拉拉手。"

　　小狗和小猫一人拉着小熊的一只手说："我们得谢谢你，小熊，是你又让我们成为好朋友。"

给胎宝宝的话

　　小熊真有智慧！用送花的方法就让两个有矛盾的小伙伴和好啦！宝宝，小朋友在一起玩的时候，免不了会发生争执，就连爸爸妈妈有时也会因为意见不同而争吵呢！没有关系，当吵架发生之后，我们要有勇气主动去找对方讲和，这样，矛盾就很容易化解啦！

第23周

你的胎宝宝看起来就像一个缩小版的婴儿了！这时的胎动次数更加明显，在医院做产检时可以听到胎宝宝十分有力的心跳声，这会使孕妈妈有一种非常奇妙的体验。

胎宝成长笔记

胎宝宝身长19~22厘米，体重在400克左右，骨骼和肌肉已经长成，身材也比较匀称了！肺中的血管开始形成，呼吸系统正在快速建立，嘴唇、眉毛和眼睫毛已各就各位，清晰可见，视网膜也已形成，并具备了微弱的视觉。

宝贝计划："吃"出聪明大脑

胎宝宝在孕中期，不仅大脑细胞数量增加，有了成人大脑皮层的6层结构，而且大脑细胞内部结构进一步分化。胆碱脂酶的出现，标志着神经系统的成熟的开始。大脑细胞内出现尼氏体，这种由发达的粗面内质网和游离的核蛋白体组成的尼氏体，具有活跃的合成蛋白质的功能，所合成的蛋白质作为营养或酶，对神经递质和神经分泌物的生成，以及执行神经细胞的功能活动，都有重要意义。

处于这个关键期的胎宝宝，其智力从生理、心理学角度讲是充满活力的，是发展智力的最佳时期，良好的教育可以收到多倍的功效。挑选一些能强化胎宝宝大脑的食物，能直接促进其智能提升，帮胎宝宝得到一个强壮的大脑。

◎ 确保胎脑正常形成的食物

五谷、深绿色蔬菜、牛油、干果类以及蛋黄等食物，能消除游离氧化分子的破坏作用，预防胎脑在形成期受伤。

◎ 增加胎脑细胞数量的食物

蛋黄、鸡肝、猪肾、瘦肉、大豆等，能提供脑细胞形成所需的氨基酸，帮助胎宝宝多生出一些脑细胞。

◎ 促进胎脑配线速增的食物

花生、蛋黄、鸡肝、瘦肉、豆类、海苔等，能帮助脑细胞所生的配线快速增加长度、数量和分支。

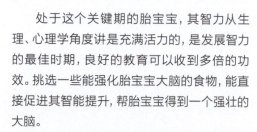

小贴士

有助大脑发育的成分

蛋白质：是大脑的直接构成成分。

DHA：对脑神经和大脑发育有帮助。

不饱和脂肪酸：对脑部毛细血管健康和氧气的充分供给有重要作用。

妈妈的爱：孕期学做"水美人"

◎ 分娩时更快

参加过游泳训练的孕妈妈不仅顺产率远高于普通产妇，并且产程能缩短一半左右。

◎ 和"大象腿"说再见

游泳可以借助水的浮力减轻关节负担，活络静脉疏通血流，自然就和"大象腿"说再见了。

◎ 有效预防水肿

孕妈妈游泳时，水中的压力可以将水肿部位的水挤压到血管里面，有效预防水肿。

◎ 孕妈妈游泳须知

孕早期不适合游泳，因为此时子宫状态不稳定，容易引发意外。孕晚期时孕妈妈腹部迅速增大，体重明显增加，行动变得迟缓和吃力起来，也不适合游泳。在孕期4~8个月之间(或是孕期20周后)，可以游泳，此时造成子宫收缩的可能性比较小。

孕妈妈游泳每次最多一小时，因为水下运动的活动量比陆地上大，以免造成疲惫。两小时以上的浸泡也给细菌带来更多的入侵机会。

辣妈加油：时刻不忘心理保健

早孕反应逐渐减轻和消失，孕妈妈的身体随之好转，胃口大增，情绪进入平稳阶段，心理也会放松下来，但可能潜在的风险也就增加了。

◎ 避免心理过于放松

孕中期并不一定就平安无事，随着胎宝宝一天天地长大，孕妈妈的心脏、肾脏、肝脏等重要脏器的负担会越来越重，很可能会出现异常现象，如妊高症、贫血等。

◎ 摆脱过分依赖心理

由于一直被家人所照顾，使得有些孕妈妈过分依赖他人，凡事都由他人代办。如没有异常情况，孕中期适当做一些工作和家务，更有助于日后分娩，对调整心理状态也大有益处。

◎ 增强做母亲的感觉

经常把准爸爸的手放到自己的腹部，同他一起分享胎动的幸福，或为胎宝宝的出生做一些准备，迎接新生命的感觉，可以帮助孕妈妈增加做母亲的幸福感。

◎ 减轻未来分娩压力

对分娩隐约产生恐惧时，可学习一些分娩知识，或和家人一起为宝贝准备一些必备品，这些都会使心情得到放松，对分娩的恐惧逐渐转变为急切的盼望。

孕期做好脚部护理

如果能给双脚来一个全套护理，既会让双足变得美丽，又会让孕妈妈全身倍感舒服，有助于轻松度过孕期。

◎ 温热水清洁

睡前可用温热水泡脚，能及时洗去皮肤上的污垢和角质，促进血液循环，还可以为皮肤补充水分，防止干燥。在洗浴时水温不宜过高，以38℃左右为宜。

◎ 按摩及运动

浸泡双脚的同时进行脚部按摩，可起到加速血液循环、加强皮肤营养、促进皮下脂肪均匀分布等作用。按摩的力度要适中，否则会擦伤孕期脆弱的皮肤。

◎ 选穿合脚鞋袜

宽松、舒适的鞋袜不仅舒服，而且利于脚部的血液回流到心脏，可预防下肢水肿。选择柔软天然材质的软皮或布鞋，不宜穿着尼龙丝质地的袜子。

小贴士

脚部护理别进足疗店

孕妈妈脚部护理在家进行就可以，切记，不适合使用药物泡脚，更不宜到足疗店进行足疗，以免引起流产。

孕期营养："吃"掉孕期水肿

红豆汤。 红豆有很好的利尿作用，不仅可以预防浮肿，而且在出现浮肿后还可以作为食疗用。如果家里有豆浆机，可以直接打红豆豆浆喝。如果没有，也可以用红豆煮汤喝或者是将红豆和大米一起煮红豆饭吃。

生吃小黄瓜。 一定要选新鲜的小黄瓜，榨汁或是洗干净直接食用都可以，对预防和缓解轻微的浮肿有很好的效果。不过胃肠不适或是平时有胃病的人要少食用。

西瓜汁。 最好是鲜榨的，不过因为西瓜糖分也很高，不宜多饮，因此可以在榨好的西瓜汁中加入一些矿泉水或是白开水，稀释后饮用。

冬瓜汤。 冬瓜利尿消肿，维生素C含量较高，且钾盐含量高，钠盐含量较低，是消除浮肿的首选食物。排骨冬瓜汤、鲤鱼冬瓜汤，怎么做都可以。

营养加油站
猪肝西红柿浓汤

原料： 番茄、猪肝，调料若干。

做法：

1. 番茄洗净去蒂，放在开水中泡两分钟，去皮切成小块。

2. 起油锅，爆香葱姜丝后，捞出扔掉。

3. 猪肝在流动水下冲洗干净，放清水里浸泡半个小时。然后取出切薄片，放水下冲洗至无血水，沥干，放料酒、姜丝、葱段，加淀粉拌匀静置。

4. 往锅中倒入番茄翻炒几下，放半汤匙白糖，反复煸炒出沙起糊，再加水煮开，改小火炖20～30分钟成番茄浓汤。

5. 放盐和鸡精调好味。火开大，把猪肝放入，等待大约半分钟，看到猪肝颜色发白即可关火撒葱花出锅。

功效： 番茄味甘、酸，性微寒，能凉血平肝；猪肝性温，味甘、苦，有补肝明目养血的功效，二者合用，能明目、补肝、养血，多用于贫血或浮肿，可增强孕妈妈的免疫力。

胎教密语：灵活选择胎教音乐

胎教音乐主要是以音波刺激胎宝宝听觉器官的神经功能，刺激其脑部成长。但每个人各自都有不同的性格特点，孕妈妈在进行音乐胎教时，选择的乐曲曲调、节奏、旋律、音响也各有不同。

音乐胎教也讲究"辨证论治"，需要因人而异，绝不可用恒定的胎教乐曲，让所有孕妈妈去聆听。只有在胎教期间选择合适的音乐，宝宝出生后的中枢神经系统才会发育比较完善，对音乐表现出特殊的感应力，且性格开朗、智商较高。

情绪不稳的孕妈妈： 宜选择一些缓慢柔和、轻盈安详的乐曲，如二胡曲《二泉映月》、古筝曲《渔舟唱晚》、民族管弦乐曲《春江花月夜》、古琴曲《平沙落雁》，这些柔和平缓并带有诗情画意的乐曲，可以使孕妈妈和胎宝宝逐渐趋于安定状态，并有益于母子的身心朝着健康的方面发展。

性格阴郁迟缓的孕妈妈： 宜选择一些轻松活泼、节奏感强的乐曲，如约翰·斯特劳斯的《春之声》《圆舞曲》等。这些乐曲旋律轻盈优雅，曲调优美酣畅，起伏跳跃、节奏感强，既可以使孕妈妈振奋精神、解除忧虑，也能给腹中的胎宝宝增添生命的活力。

小贴士

哪些胎教音乐受欢迎？

胎教音乐中广受欢迎的曲目包括：中国传统名曲《春江花月夜》《渔舟唱晚》《平湖秋月》等；童声如《春姑娘》《童年》《铃儿响叮当》等；巴洛克时期和古典主义时期的音乐，其音乐节奏与孕妈妈的心跳旋律接近，对胎宝宝也具有较好的启发和安抚作用。

爱生气的龙先生

龙先生动不动就发脾气，大家都有点儿害怕他。

"哎呀呀，太阳哪儿去了！"龙先生用力一吹，把乌云吹走了，暖暖的太阳出来啦。

"哎呀呀，河水结冰了！"龙先生用力一吹，把冰吹化了，清清的河水哗啦啦。

"哎呀呀，吵死啦！"鞭炮的声音太吵了，小猴宝宝都被吓哭了。龙先生爬到树上说："小家伙，别哭啦！"可是，小猴宝宝还是哭。

怎么办呢？龙先生想了想说："玩会儿滑梯，是不是就不哭啦？"小猴子们点点头。

哧溜！哧溜！哧溜！猴子宝宝们一个一个地从龙先生的尾巴上滑下来。"哎呀呀，太痒了！"龙先生忍不住哈哈大笑起来。

爱笑的龙先生，大家都喜欢。

给胎宝宝的话

爱发脾气的龙先生，大家都有点儿害怕他；爱笑的龙先生，大家都喜欢他。宝宝，你是不是也喜欢爱笑的爸爸妈妈呢？我们也同样喜欢爱笑的宝宝啊！让我们一起努力，把生气赶走，把笑容留住。

第24周

本周开始，胎宝宝的体重快速增加，几乎占据了妈妈子宫的大部分空间，因此孕妈妈在为胎宝宝的成长高兴之余，也渐渐发现自己的身体越来越沉重了!

胎宝成长笔记

胎宝宝身长25厘米左右，体重为500~550克。身体的比例开始匀称，呼吸系统正在发育，大脑发育得非常快，味蕾也可以发挥作用了。胎宝宝不停地运动，踢腿或者用小手捅妈妈的子宫，那是他在对外界的声音和触摸做出回应呢!

宝贝计划: 孕期营养悠着补

一些孕妈妈往往在孕前和怀孕期间补充很多营养，过多、盲目补充营养可能造成营养过剩，反而使一些孕妈妈面临妊娠糖尿病的威胁。因此，孕期要科学饮食。

◎ 吃水果过多也不好

血糖正常的孕妈妈每天各种水果控制在300克即可。

◎ 钙正常饮食无须补

孕妈妈体内的钙库这时候会给胎宝宝补充，在孕中期需钙1000毫克，孕晚期需钙1200毫克，每日饮牛奶两杯(400~500毫升)基本可满足需求。如果盲目补钙导致过量，会抑制铁、锌等的吸收，还会出现胎宝宝出生后没有囟门或囟门闭合过早等现象。

◎ 叶酸并非越多越好

叶酸是有效预防新生儿神经管畸形的水溶性维生素，在怀孕早期，叶酸缺乏会引起神经管畸形及其他的先天性畸形和早产。叶酸在血红蛋白合成中也起着重要作用，缺乏会引起母亲巨红细胞性贫血。但是叶酸并非补得越多越好，过量摄入叶酸会导致某些进行性的、未知的神经损害的危险性增加。日补充叶酸800微克最有效。

◎ 维生素摄取过多也不好

维生素对维持人体正常的生理功能有极重要的作用。大部分维生素在体内不能合成，或合成量不足，必须通过食物补充。其中脂溶性维生素（包括维生素A、D、E、K等）吸收后可在体内贮存，过量容易蓄积中毒。

◎ 微量元素并不多多益善

微量元素在体内含量虽小，却有很重要的生理功能。大部分微量元素在孕期的需要都有所提高，但并不是"多多益善"，过量也能对宝宝造成伤害。

◎ 脂肪要适可而止

过多脂肪可能产生高热能而导致孕妈妈肥胖，动物脂肪含有较多的饱和脂肪酸，可能导致心脑血管硬化，因此应摄入适量的植物脂肪。

◎ 蛋白质不要过多摄入

孕妈妈每日的蛋白质需求量为90~100克。但高蛋白饮食，会影响孕妈妈的食欲，增加胃肠道负担，影响其他营养物质摄入。过多摄入蛋白质，还容易引起腹胀、食欲减退、头晕、疲倦等现象。

妈妈的爱: 这些错误不要有!

◎ 可疑妊娠检查不及时

出现怀孕症状时不以为然，不及时告诉家人，更不主动去医院检查，常常引起畸胎和流产等严重后果。

◎ 有病不用药

大多数药物对胎宝宝还是安全的，所以孕期患病还是要在医生指导下正确用药，切不可因怕影响胎宝宝而"忌药讳医"。

◎ 不注意防治病毒感染

风疹等病毒是导致畸胎的头号杀手，会严重损害胚胎组织，引起畸胎、流产，一经发现应立即就医，认真治疗，千万不可大意。

◎ 接触有害物质

孕期尤其是早孕阶段，是胎宝宝重要器官分化和形成的关键时期，应该注意避免和防止与有毒有害物质接触，也不要多次进行B超或X线检查。

◎ 不出家门

怀孕后不愿意让别人看见自己的形象，或是担心户外活动影响胎宝宝，因此闭门不出。不仅有害孕妈妈身心健康，也不利于优生。

◎ 节食不当

担心发胖而不敢多吃或不吃肉、蛋等营养品，这就无法满足胎宝宝迅速生长发育的需要，对胎宝宝后天成长也会造成难以弥补的损害。

◎ 营养"过度"

对饮食采取"多多益善"和"见好就吃"的态度，结果造成孕妈妈体重增加过快，容易引起"巨大胎宝宝"，不仅给分娩造成困难，也是产后发胖的原因之一。

辣妈加油: 3招拒绝妊娠"斑纹"

由于孕期内分泌的变化，引起某些部位皮肤的色素沉着形成妊娠斑，一般产后会慢慢减轻或消失。在妊娠的中末期，随着胎宝宝的不断发育，孕妈妈皮肤组织牵拉过度则容易形成妊娠纹。

1. 营养预防，由内而外

孕期补充丰富的维生素及矿物质，不但可以供给胎宝宝，而且对皮肤保健和妊娠纹预防也很重要。

2. 运动预防，一举三得

适当和适量产前运动，可以降低体内多余的脂肪堆积，增加皮肤对牵拉的抗力，还有利于减轻生产时的疼痛感。

3. 按摩预防，舒缓放松

按摩能促进血液循环和新陈代谢，让皮肤获得充分的养分。

小贴士

孕妈妈都有妊娠纹吗？

妊娠纹的发生与体质有关，不一定每一位孕妈妈都会有妊娠纹，而妊娠纹的严重程度也会因人而异。

清洁孕妈妈的敏感地带

◎ 外阴

怀孕后阴道分泌物增多，一定要每天清洗，但应尽量少用洗剂，避免坐浴，也不要冲洗阴道，以免影响阴道正常的酸碱环境而引起感染。

◎ 乳房

用温水冲洗乳房，不要用力揉搓，避免引起子宫收缩。可在浴后抹些橄榄油，使乳房皮肤滋润而有韧性。

◎ 腋下

腋下汗腺丰富且皮肤组织较松弛，洗澡时不可用热水刺激，也不宜用澡巾大力搓洗。

◎ 会阴

每天清水冲洗，及时去除排泄物、分泌物，也可用性质柔和的洗护用品清洗，大便后最好也要清洗肛门。

◎ 腹股沟

温水冲洗，并用手指指腹从上向下抚摩轻搓腹股沟，肥胖者则要拨开褶皱仔细搓洗。

营养方案：食物巧补硒

硒是孕妈妈不可或缺的微量元素之一。虽然硒在人体内的含量仅为千万分之一，但它却和40多种威胁人类健康的疾病相关，决定着生命的存在，有着其他物质无法替代的巨大作用。孕妈妈补硒不仅可以预防妊高症、流产，而且还能减少畸形宝宝的出现，降低新生宝宝出现呼吸窘迫综合征、支气管炎和肺发育异常的风险。

◎ 硒的神奇作用

人体内过多的活性氧自由基是万病之源，而硒作为一种抗氧化物质，对维持健康、预防疾病、延缓老化是十分重要的。因此硒是一种抗氧化物质，能够大大提高人体免疫力。

◎ 富含硒的食物

含硒较多的食物主要集中于海产品和肉类（特别是动物的肾脏），水果中含硒普遍较少。谷物中，含硒较多的食品有小麦、玉米和大麦；蔬菜中，含硒较多的食品有大蒜、西蓝花、洋葱、西红柿、芹菜和草菇等；另外，麦麸、牛奶也富含硒。

◎ 孕期补硒有讲究

1. 食补为主：硒的日需要量在60微克左右。当血硒浓度低于85微克/升时，应视为体内缺硒。检查出来缺硒的人，每天可有意识地吃一些含硒多的食物。

2. 补硒有度：硒对人体来说，也是少了不行，多了不好。硒的日需要量和硒中毒的最低剂量之间的幅度特别窄，即硒的最低中毒剂量只是日需要量的5倍。体内摄入250微克硒就达到了中毒的最低剂量。

◎ 小心硒摄入过量

当硒摄入过多出现脱发、脱甲等中毒症状时，可通过服用维生素E来增加硒的排泄，起到降低毒性的作用。

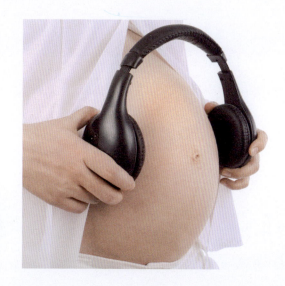

营养加油站
蘑菇炖小鸡

原料：小鸡、干蘑菇、料酒、盐、葱段、姜片、红枣各适量。

做法：

1. 温水将干蘑菇泡开，小鸡洗净除去内脏，然后一起放入开水中焯一下捞出。

2. 重新在锅内加入高汤，然后把小鸡放入，大火把水烧开，去掉漂浮的杂质，然后加入料酒、盐、葱段、姜片、蘑菇、红枣，用中火炖至鸡肉烂时出锅即可。

功效：蘑菇和鸡肉都是富含硒的食品，二者同煮，滋补养颜，健美补硒。

胎教密语：音乐胎教打造乐感宝宝

经过音乐胎教训练的宝宝乐感都很强，并且喜欢音乐，音乐胎教是启发智慧的一把金钥匙，能激发胎宝宝大脑潜能，打造乐感宝宝。

◎ 孕妈妈听的音乐

应以宁静为原则，选择那些委婉柔美、轻松活泼、充满诗情画意的乐曲。孕妈妈通过欣赏音乐来调节情绪，使心情宁静、舒适。

◎ 胎宝宝听的音乐

应轻松活泼，这样有助于激发胎宝宝对声波产生良好反应。可将专用耳机放在孕妈妈腹部，音乐通过孕妈妈腹壁直接传导给宫内胎宝宝的听觉器官，刺激胎宝宝脑组织，促进脑功能的发育。

◎ 告别不正确的音乐胎教

虽然4~6个月的胎宝宝耳蜗发育趋于成熟，但内耳基底膜上面的短纤维极为娇嫩，当受到高频声音的刺激后，很容易遭到损伤，严重者将会给小宝宝造成无法挽回的听力损害。因此，孕妈妈千万不能将传声器贴在腹部进行胎教。

好好儿睡一觉

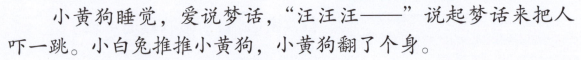

　　小花猫睡觉，爱打呼噜，"呼噜呼噜——"声音特别大。小黄狗叫醒小花猫，帮他把枕头垫高。

　　小花猫安静了，好好儿睡一觉。

　　小黄狗睡觉，爱说梦话，"汪汪汪——"说起梦话来把人吓一跳。小白兔推推小黄狗，小黄狗翻了个身。

　　小黄狗安静了，好好儿睡一觉。

　　小白兔睡觉，爱磨兔牙，"咯吱咯吱——"磨兔牙的声音又响又大。小花猫揪揪兔尾巴，小白兔吧嗒吧嗒嘴，不再磨牙。

三个小伙伴，在月光下睡
着了。

宝宝好好儿睡一觉，美梦
里面会长高。

给胎宝宝的话

　　小花猫、小黄狗、小白兔在月
光下好好儿睡一觉，没再打呼噜、
没再说梦话、没有再磨牙。梦里
哭，梦里笑，梦里有个小宝宝。宝
宝，咱们也好好儿睡一觉吧！

第25周

胎宝宝的体重稳定增加,大脑的发育也进入了一个高峰期,身材比例较为匀称,皮肤很薄而且有不少皱纹,全身覆盖着一层细细的绒毛,样子像个小老头儿呢!

胎宝成长笔记

胎宝宝身长为25~30厘米,体重为600~700克。大脑细胞迅速增殖分化,体积增大,胎宝宝第一次睁开了眼睛,会对光亮做出反应。敏捷程度也超出了孕妈妈的想象,胎宝宝可以轻松地抓住自己的双脚,津津有味地嘬个不停。

宝贝计划: 小心"美丽杀手"

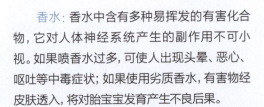

口红: 口红是由各种油脂、蜡质、颜料和香精香料等成分组成。其中油脂通常采用羊毛脂,羊毛脂除了会吸附空气中各种对人体有害的重金属微量元素外,还可能吸附大肠杆菌进入胎宝宝体内。孕妈妈涂抹口红以后,空气中的一些有害物质就容易被吸附在嘴唇上,并随着唾液进入体内,使孕妈妈腹中的胎宝宝受害。

香水: 香水中含有多种易挥发的有害化合物,它对人体神经系统产生的副作用不可小视。如果喷香水过多,可使人出现头晕、恶心、呕吐等中毒症状;如果使用劣质香水,有害物经皮肤透入,将对胎宝宝发育产生不良后果。

指甲油: 指甲油上的化学物质对人体有一定的毒性作用。孕妈妈多喜吃零食,指甲油中的有毒化学物质很容易随食物进入孕妈妈体内,并能通过胎盘和血液进入胎儿体内,日积月累,影响胎儿健康。

美白产品: 一些具有美白功能的防晒品中含有有害金属元素,如汞、铅、砷等,或使用了大量研细的钛白粉。皮肤长期吸收汞会导致神经系统失调,视力减退,肾脏损坏,听力下降,皮肤黏膜敏感及可由母体进入胚胎,影响胚胎发育。

妈妈的爱：改善睡眠质量

随着宝宝的日渐发育，孕妈妈身体重心发生变化，使得多年来养成的最佳睡眠姿势和习惯变得不再舒适。孕妈妈在床上辗转反侧，其实总在寻找一个最舒适的姿势，可总是感觉不舒服。如何可以重拾往日的夜夜好梦呢？

孕妈妈最佳的睡眠姿势为侧卧，双腿蜷曲。这样可以避免压迫下腔静脉，保证血液循环畅通。

注意问题：孕妈妈不宜长时间仰卧位，而要侧卧位睡眠或休息，这是因为仰卧位时妊娠子宫压迫下腔静脉和髂动脉，导致回心血量减少，可引起胎盘循环障碍，造成胎宝宝缺氧甚至宫内窘迫，影响胎宝宝正常发育。

靠左还是靠右卧，则需根据孕妈妈的疾病和身体的具体状况而决定，以减轻腹部和背部的压力。孕妈妈睡眠时应采取侧卧位，尤以左侧卧位更符合孕妈妈的生理特点，特别在怀孕28周后更应养成这种侧卧习惯，更有利于母子健康。

注意问题：一般来说，由于怀孕后子宫往往会不同角度地向右旋转，如果经常采取右侧卧位，可使子宫进一步向右旋转，从而使血管受压，影响胎宝宝的血液供应，因此也不宜常采取右侧卧位。

孕晚期宜采取左侧卧位。孕妈妈腹部逐渐隆起，睡眠时就难以找到一个合适的姿势，造成入睡困难，此种卧位可纠正增大子宫的右旋，能减轻子宫对腹主动脉和髂动脉的压迫，改善血液循环，增加对胎宝宝的供血量，有利于胎宝宝的生长发育。

注意问题：要注意保护腹部，避免外力的直接作用。如果孕妈妈羊水过多或双胎妊娠，就要采取侧卧位，以免压迫。如果孕妈妈感觉下肢沉重，可采取仰卧位。下肢用松软的枕头稍抬高。

小贴士

巧用枕头

1. 在背部垫一个枕头，让孕妈妈借助枕头保持侧卧位睡眠。

2. 把枕头放在其他部位会让孕妈妈感觉好一些，如腹部、胸部、臀部或两腿之间等。

3. 可以同时用好几个枕头，或者用折叠起来的小被褥或毛毯替代枕头。

辣妈加油：多胎妈妈要做足功课

怀有多胎是件令人喜出望外的事，但也容易出现大麻烦，保证孕妈妈的健康特别重要。

◎ 按期进行检查

多胎妊娠出现妊娠合并症者较多，妊高症的发生率明显高于一胎妊娠，所以多胎妊娠者要听从医嘱，按期去医院接受检查。

◎ 及时补充营养

多胎孕妈妈的血容量要比单胎妊娠明显增多，易发生营养性贫血，必须及时足量地从饮食中摄取营养才能有效预防。

◎ 保证充足休息

因为子宫过度膨胀，如果休息不够或过度操劳，很可能发生早产。建议多胞胎孕妈妈提早请假，多卧床休息。

◎ 提前住院预防早产

建议多胞胎妈妈怀孕28~30周就提前入院观察，以免发生早产或其他不测。

大肚婆自我保护5妙招

俯身弯腰：尽量避免俯身弯腰，需要俯身时不仅要缓慢，还要首先屈膝并把全身重量分配到膝盖上，做家务时也要照此动作。

起身站立：起身必须缓慢有序地去做动作，以免腹腔肌肉过分紧张。仰躺着的孕妈妈起身前要先侧身，肩部前倾、屈膝，然后用肘关节支撑起身体，盘腿，以便腿部从床边移开并坐起来。

保持站立：如果因工作性质需要长时间站立，那就选择一种让身体最舒适的姿势。如收缩臀部，就会体会到腹腔肌肉支撑脊椎的感觉，也可尝试将重心从脚趾移到脚跟，从一条腿移到另一条腿。

保持坐姿：正确的坐姿是将后背紧靠在椅子背上，必要时还可以在靠肾脏的地方放一个小枕头。如果是坐着工作，有必要时常起来走动一下，这样有助于血液循环并可以预防痔疮。

徒步行走：一旦感觉疲劳，马上要停下来，找身边最近的凳子坐下休息5~10分钟。走路时身体要注意保持正直，双肩放松。散步前要选择舒适的鞋，以低跟、掌面宽松为好。

孕期营养：中医食疗调出"好孕"

与西药同理，中药里也有一些是孕妈妈需要时刻与之保持距离的，但也有一些可以经常保持"亲近"的食材，可以为孕妈妈的孕程加分不少。

中医食疗调理原则：

◎ 饮食清淡勿温补

中医认为，孕期胎宝宝尚未定型，故不宜服食药物，一日三餐要定时，饥饱要适中，饮食要清淡，滋补而不宜温补，否则会导致胎热、胎动，容易流产。

◎ 多吃蔬果利通便

孕妈妈易燥热上火，并且容易便秘，可吃些瓜果等养血清热凉补的食品，如新鲜果汁及富含铁质与高钙的食物，偶尔也可进食一些养胎食品。

营养加油站
中医食疗营养方案

感冒：可以用冰糖煲马蹄水饮，每天1次，连续喝3天。

咳嗽：可以用红糖煲姜水饮，最好早晚1次，趁热喝，连续喝3天。

症状较重的感冒：用半只鸡加几大块姜煲汤，只喝汤不吃鸡，趁热连续喝2天。

便秘：每天早上空腹喝1杯温水，再喝2包常温牛奶。下午吃2个橙子，也可每周喝2~3次木瓜花生煲猪肉汤。

胎教密语：好习惯始于胎宝宝

胎宝宝出生几个月内，可能和母亲在某些方面就有着共同的节拍了。妈妈的习惯将直接影响到胎宝宝的习惯。如果有些妈妈本身生活无规律、习惯不良，那么怀孕后就要从自身做起，养成好的习惯，才能培养出具有良好习惯的胎宝宝。

对胎宝宝进行行为习惯的胎教主要是妈妈身体力行，处处为胎宝宝做个好榜样。

每日生活作息时间要有规律。孕妈妈在怀孕7个月后，要十分关注自己的作息时间，生活一定要很有规律。如果孕妈妈起居有规律，胎宝宝也能受影响养成相同的生活作息规律。

如果孕妈妈每日能早睡，每日能坚持一定的作息时间表，胎宝宝也会养成早睡和起居有规律的习惯，出生后会比较容易调整睡觉和醒来的时间与大人相协调，与白天和黑夜的宇宙规律相协调，并能更好地形成自己的生物钟规律。所以孕妈妈最好每晚能在9点以前上床睡觉，孕晚期尤其要遵守这个规律，最好每天能坚持。

孕妈妈如果爱活动、爱户外，胎宝宝也会养成这样的好习惯，出生后会比较喜欢活动，喜欢户外，喜欢新鲜空气，这就给他奠定了一个好的生活习惯。

孕妈妈产前要注意营养，胎宝宝的饮食和胃口受孕晚期孕妈妈的饮食习惯的影响也是很大的。

兔子想有一条大尾巴

一只小兔子很难过，他发现自己的尾巴比别人的都短，就去找尾巴。

小兔子看见一棵狗尾巴草。

"狗尾巴草，狗尾巴草，你能送给我一条尾巴吗？"小兔子说。

狗尾巴草摇摇头说："这可不行，我没有了这条'狗尾巴'，还叫什么'狗尾巴草'啊！"

小兔子又看见一只小松鼠。

"小松鼠，小松鼠，你能送给我一条尾巴吗？"小兔子说。

小松鼠摇摇尾巴说："真对不起，不能给你呀，我的尾巴可以帮我挡风遮雨，帮我跑跑跳跳更平稳。"

小兔子很难过，又去找尾巴。

他看见一只红狐狸。

"狐狸大哥，狐狸大哥，你能送给我一条尾巴吗？"小兔子说。

　　狐狸慢慢走过来，张着大嘴说："先让我吃了你，再送给你一条尾巴，好不好？"

　　小兔子一听就明白了：狐狸是想吃我呀！他撒腿就跑。狐狸在后面追，小兔子尾巴短，狐狸抓不住。

　　小兔子抚摩着自己的短尾巴想：自己的尾巴也很有用啊！

给胎宝宝的话

　　小兔子总羡慕别人的大尾巴，但是当面临危险时，短尾巴却救了他。宝宝，每个人都是独特的，无论我们是男是女，长相怎样，都会有自己的优势。很多时候，我们自认为不足的地方，没准儿在别人眼中还是长处呢！要相信自己哟！

第26周

本周胎宝宝的体积增大，妈妈的子宫开始显得有点儿局促了！孕妈妈可要做好思想准备，从现在开始到胎宝宝呱呱落地，他的体重会增长3倍以上。

胎宝成长笔记

胎宝宝身长约30厘米，体重800克左右。胎宝宝的脂肪迅速累积，开始有了呼吸动作，但肺部尚未发育完全，并不会真的吸入空气。此时胎宝宝的大脑对触摸已经有了反应，而且视觉和耳神经传导也在发育，眼睛能够睁开，对声音的反应更为敏感。

宝贝计划：最容易忽略的营养素

脑发育只有一次，因此，要让宝宝有良好的脑部发育，就要抓紧黄金期给他补充各种相关营养元素，包括：α-亚麻酸、胆碱、微量元素碘、铁、锌等，帮助宝宝赢在起跑线上。而这些都是孕妈妈很容易忽视的营养素。一旦忽视，就会造成各种不堪设想的后果。

α-亚麻酸——大脑发育必需营养素

α-亚麻酸是一种保证宝宝聪明的脑黄金原料。如果缺乏，宝宝的智力和视力都将受到损害。因为α-亚麻酸能在人体内的多种酶的作用下，通过肝脏代谢为机体必需的生命活性因子DHA和EPA。

◎ 胆碱——神经传导必需物质，提升记忆力

胆碱，又被称为"记忆因子"，是母乳中的重要营养成分之一，由胆碱合成的乙酰胆碱是一种非常重要的传递介质，在细胞信号传导、神经冲动传导、髓鞘形成和大脑的记忆中心（海马）都起着非常重要的作用。当宝宝大脑中的乙酰胆碱增加时，信息传递速度就能加快，大脑思维也更加活跃，进而有效帮助提升记忆力。

◎ 牛磺酸——参与轴突和树突的形成

牛磺酸在胎宝宝和新生宝宝的大脑中含

量丰富、分布广泛，不仅是形成轴突和树突的特殊成分，还与中枢神经及视网膜等的发育关系密切。如果补充不足，会造成宝宝智力发育迟缓。

妈妈的爱：别让妊高症来纠缠

血压略微升高让细心的孕妈妈内心忐忑，医生更是严肃地警告：血压升高不是小事，如不及时采取行动积极控制，妊娠高血压综合征这个不速之客便会不期而至，甚至成为致命的威胁，毁掉美好孕期。

1. 常见症状有血压增高、水肿、蛋白尿，严重者甚至出现抽搐和昏迷。

2. 高血压引起全身血管痉挛，组织器官缺血缺氧，严重威胁母子安全。

3. 胎盘功能减退出现发育迟缓，导致早产、未成熟儿或死胎。

4. 新生儿常因严重缺氧、宫内发育迟缓而成活率极低。

安全应对策略

定时产检。每次产检都会测量血压、验尿及称体重，并检查腿部水肿现象，这些均可判别妊高症。

合理饮食。妊高症与营养因素密切相关，合理安排饮食，对预防和控制妊高症的发生发展非常关键。

控制体重。身体过胖容易引起妊高症，体重增加过快可能为合并妊娠水肿。

左侧卧位。左侧睡姿可避免子宫压迫脊柱旁大血管，减轻或预防下肢发生水肿。

自我监测4法

1. 血压测量：每天临睡前及起床后都是自我检测血压的好时机。如果高压高于140，低压高于90，就要小心是否患了妊高症。

2. 是否水肿：严重的水肿是一种明显的警告标志。

3. 是否有头痛、头晕：孕期超过20周，如头痛仍继续加重，并伴有呕吐、胸闷，甚至视物模糊、眼冒金星等症状，就要警惕了。

4. 注意排尿：尿量的减少、尿色是否混浊都可能预示妊高症。

辣妈加油：5招缓解腿抽筋

"腿抽筋"在医学上被称为腿痛性痉挛，表现为腿部一组或几组肌肉突然、剧烈、不自主地收缩。抽筋虽仅持续几分钟，但是发作过后肌肉的不适感或触痛可以持续几个小时。

1. 及时预防低钙血症

低钙将增加神经肌肉的兴奋性，导致肌肉收缩，继而出现抽筋。

应对：补钙同时还要注意保证饮食中维生素D的摄入，多晒太阳可促进钙的吸收和利用，也可适当选择钙剂。

2. 饮食做到营养均衡

肉类富含蛋白质，摄入过多将影响碳水化合物的代谢，引起电解质紊乱导致抽筋。

应对：营养均衡摄入，多食用富含维生素C的水果或饮用橙汁等，有利于钙的吸收。

3. 避免腿部劳累

孕妈妈走得太多或站得过久，腿部肌肉负

担增加，会导致局部酸性代谢产物堆积，也会引起肌肉痉挛。

应对：临睡前用温水泡脚、洗热水澡并按摩双下肢肌肉，可减少乳酸堆积，从而避免腿部抽筋。

4. 别让腿受凉

小腿肌肉很容易受凉，由于寒冷刺激，使腿部肌肉出现痉挛抽筋。

应对：注意腿脚的防寒保暖。

5. 正确的睡眠姿势

睡眠姿势不好或长时间仰卧，迫使小腿某些肌肉长时间处于绝对放松状态，会引起肌肉"被动挛缩"。

应对：适量做一些体育锻炼，睡觉时采取左侧卧位，可以改善腿部的血液循环，减少抽筋的发生。

巧对孕妈妈的水肿

怀孕后期，孕妈妈下半身的血管由于受到增大子宫的压迫，影响毛细血管的血液畅通循环，尤其是脚踝、小腿等部位的血液回流受阻，导致浮肿。如果你长时间站立工作、来回走动，或持续同一姿势不变，更容易引起浮肿。

◎ 泡脚

用热水泡脚，把脚抬高，有利于下肢静脉中的血液回流到心脏，减轻浮肿带来的不适。

◎ 运动

每天做轻松的腿部运动，消除紧张情绪，促进血液循环；平时做一些简单的足部运动，

看电视时，用脚趾滚动小球或小棍儿；每天晚上做完家务后，仰卧于地上，双腿高高竖起，靠在墙上，保持5~10分钟。

◎ 休息

尽量避免长时间站立和长时间活动。长时间活动后，一定要休整，从足部开始向上按摩，或者轻轻抚摩。晚间睡觉时，把腿部垫高，这样第二天起床时，你一定会感觉特别舒服。

孕期营养：天然补碘妙法

碘是人体各个时期所必需的微量元素之一，它是人体甲状腺激素的主要构成成分。作为维持人体正常生长发育不可缺少的元素，碘对于胎宝宝大脑的发育尤为重要。

◎ 碘的食物来源

人类所需要的碘，绝大部分来自于食物，其次为饮用水与食盐，其中食物碘含量的高低取决于各地区的生物地质化学状况。

海洋生物含碘量很高，如海带、紫菜、鲜海鱼、蛤干、干贝、海参、海蜇、龙虾等，其中干海带含碘可达240毫克/千克，鲜海带含碘可达2000毫克/千克。陆地食品含碘量动物性食品高于植物性食品，蛋、奶含碘量相对稍高（40~90微克/千克），其次为肉类，淡水鱼的含碘量低于肉类，而植物含碘量是最低的。

◎ 补碘不能光吃盐

多吃碘盐会增加孕妈妈钠的摄入量，有增加妊娠高血压发生的可能，故孕期不仅不宜高钠，相反应该适当减少食盐摄入，特别是在孕后期。

小贴士

补碘也要适度

富含碘的食物为海带、紫菜、海虾、海鱼等，食用盐中也含有一定量的碘。孕妈妈补碘需经医生指导，以防摄碘过多。

营养加油站
海带豆腐汤

原料: 干海带、水豆腐、油、盐各适量。

做法:

1. 炒海带前，将鲜海带洗净后用烧开的开水在锅中焯一遍，炒出来的菜脆嫩鲜美。

2. 煮汤时先放豆腐后放海带，不加锅盖，大火5分钟即可。即熟即吃，鲜美爽口。

3. 海带性寒，烹饪时宜加些性热的姜汁、蒜末或辣椒，油不宜过多。

功效: 海带的含碘量最丰富，是孕妈妈最理想的补碘食物。

胎教密语: 大自然陶冶胎教法

大自然是生命的绿地。它不仅能够给人以温馨，而且能够给人以希望。走进大自然，感受这个清新的世界，对一个新生命来说是必要的，这也是促进胎宝宝智力开发的一堂很重要的胎教基础课。

◎ 沐浴阳光

我们的生命离不开阳光，阳光不仅给了我们温暖，还可以促进血液循环，杀灭麻疹、流脑、猩红热等传染病的细菌和病毒，还能促使母体内钙的吸收，促进胎宝宝骨骼的生长发育。因此在大自然中沐浴阳光，收获的是一种温暖的感动。

◎ 补充"空气维生素"

大自然中清新的空气对于人类的健康有极大的益处，对孕妈妈更是如此。郊外、公园、田野、海滨、森林中，对身心健康极其有益的负离子含量可达数千甚至上万个，因此经常到山川旷野去就能有机会获得这种"空气维生素"，含氧丰富的血液可使胎宝宝像喝足水的庄稼一样，能够茁壮成长。

扣子的故事

小老鼠有一颗漂亮的扣子，忽然找不到了，他很伤心，哇哇地大哭。

小兔说："别哭，别哭，我的扣子正好多出一颗，送给你吧。"

小鹿说："别哭，别哭，我的扣子正好多出一颗，送给你吧。"

大象来了，说："别哭，别哭，我的扣子正好多出一颗，送给你吧。"

小老鼠一下子有了这么多扣子，他想了想，用大象的扣子做了小亭子的屋顶，用小鹿的扣子做了餐桌，用小兔的扣子做了一辆小车。

小老鼠好快活。忽然，他听到草丛里有声音，低下头一看，一群小蚂蚁正在他丢的扣子上开晚会呢，他们把扣子当成了舞台。小老鼠想了想，悄悄地走开了。

给胎宝宝的话

宝宝，你知道小老鼠为什么悄悄地走开了吗？因为小老鼠得到了很多小伙伴的帮助，得到的爱越多，他的心中就会充满了爱。当他发现自己丢的扣子被小蚂蚁们当成了舞台，他就要保护好舞台，给小蚂蚁们更多的快乐。爱是一种相互给予的东西。

第27周

胎宝宝现在正以平稳的速度增加身高和体重，他的身体已经大得快碰到妈妈的子宫壁了！从本周起，胎宝宝大脑的活动开始活跃，甚至开始会做梦了！

胎宝成长笔记

　　胎宝宝身长约35厘米，体重为900~1000克。味觉开始形成，已达到能够分辨甜味或苦味的程度。眼睛已经能够睁开和闭合，同时有了比较原始的睡眠周期。大脑皮层表面开始出现特有的沟回，脑组织快速增长。

宝贝计划：自测宫高腹围

　　从本月开始，孕妈妈自测宫高与腹围，就可以了解胎宝宝的生长情况了！

◎ 自测宫高

　　1. 孕妈妈排尿后仰卧于床上，准爸爸用软尺测量耻骨联合上缘中点至宫底的距离，此距离即为宫高。

　　2. 将测量时间及结果记录下来，与孕周标准对照，如发现宫高间隔两周没有变化，需接受医生检查。

　　3. 通过测量宫底高度，如发现与妊娠周数不符，过大过小都要查明原因。相对腹围而言，宫高更能反映胎儿发育的大小。

◎ 自测腹围

　　1. 孕妈妈排尿后，平卧于床上，准爸爸用软尺经孕妈妈肚脐绕腹部一周，这一周的长度就是腹围。

　　2. 将测量时间及结果记录下来，与孕周标准对照，如发现增长过快或过缓，则应考虑是否羊水过多或胎宝宝发育迟缓。

妈妈的爱：腰痛妈妈看过来

　　腰痛是孕期常见病症，轻者腰酸背痛，重者还伴有腿抽筋、坐骨神经痛等症状，让孕妈妈吃尽苦头，如何缓解孕期腰痛？

　　孕早期、孕中期和孕晚期的腰痛是有病因差异的，症状也有区别，只要先搞清病因，就可有针对性地选择应对办法，减轻或解除腰痛。

妊早期腰痛的原因：腰痛不会很严重，疼痛比较轻微，多为腰酸背痛。这一时期的腰痛往往是由子宫后倾、压迫直肠和韧带造成的，孕妈妈不必紧张。当身体出现异常时，无论是否严重，孕妈妈自己都要仔细认真观察，并及时做出相应的处理，不能因小疏忽造成大错误。

妊中期和晚期腰痛的原因：孕妈妈在这段时间内的腰痛，原因多半是因为胎宝宝的迅速增长使子宫逐渐增大、腹部日益向前，为了保持身体平衡，上身便代偿性后仰，因而引起脊柱过度前凸，背伸肌持续紧张，造成腰、背部过度疲劳，很容易就腰酸背痛，一般来说在休息后症状可减轻。病症严重者对胎宝宝会有影响，要及时看医生，以免造成严重后果。

小贴士

孕期腰痛有"隐情"

腰痛伴随阴道出血，且疼痛剧烈，要注意是否有流产的可能，或是否宫外孕。

如疼痛严重到影响活动或向其他部位扩散时，应到医院检查，查找原因，及时治疗。

腰腿痛的同时还伴有坐骨神经痛，可能是缺少维生素B$_1$所致。

如伴有腿抽筋，可能是缺钙。

辣妈加油：居家缓解腰痛小技巧

1. 在孕早期，要注意休息，让自己身体轻松、减少疲劳。

2. 孕中期和孕晚期时，就更不能多干粗重的活儿了，说不定一个不小心就闪了腰、拧了腿，自己难受不说，就怕伤及胎儿。

3. 像洗衣服、登高放东西、提重物、背太沉的包等都会殃及腰部。

4. 每次散步或走路时间要算好，不宜过长。

5. 享受按摩热敷，请准爸爸按摩，也可以做局部热敷，用热毛巾、纱布和热水袋都可以，每天热敷半小时，也可减轻疼痛感觉。

6. 补充维生素，孕妈妈如果缺乏营养及矿物质，特别是钙、维生素和铁等，就很容易引起腰痛。

7. 脚下保暖，保护好自己的双足和双腿，千万别冻着，着凉会使肾部有不良反应，严重者进而引起腰痛。

孕期自助游，我安全我快乐

动静结合才是真正科学养"儿"之道。旅游中欣赏青山绿水，呼吸清新空气，让孕妈妈感觉愉悦、放松，"快乐"激素通过胎盘，也能让胎宝宝得到欢快感。

最佳准备计划：去医院产检并取得医生指导，准备孕妈妈资料和证明等文件，带上产前检查手册、保健卡。

最佳时间：怀孕第4~7个月最为安全。此时剧烈的妊娠反应已经过去，胎宝宝已初步

"站稳脚跟"，而孕妈妈的大腹便便与腿脚肿胀尚未出现，孕妈妈具有一定的对旅游辛劳的承受能力和愉悦心境。

最佳旅途：短途可以避免过度疲劳，选择人少的旅游地区，比如，自然风景区、度假村就是很好的去处。

最佳方式：自助游为好，旅游团通常选择热门景点，行程紧凑匆忙，让孕妈妈感到疲劳、厌倦。

最佳服饰：穿脱方便、宽松的运动衣裤配上低跟运动鞋；帽子、腹带、弹性袜和其他小物件不可少，可帮助减轻疲劳带来的不适。

最佳饮食：少食多餐，避免吃生冷、不干净或吃不惯的食物，以免造成消化不良、腹泻等身体不适。多吃水果，可防脱水与便秘。

最佳出行：坐车、搭飞机一定要系好安全带，不要搭坐摩托车或快艇，登山、走路也要注意，不要太费体力，一切量力而为。

孕期营养：孕妈妈最爱果汁

平常喜欢喝可乐及饮料的潮妈，一旦怀孕之后，可要为了胎宝宝严格控制这一嗜好了。

饮料中一般含有防腐剂、色素和香精，对人体有害无益，孕妈妈不妨自己动手制作一杯营养丰富、味道又好的鲜榨果汁。

◎ 最适合孕妈妈的果汁

当前市面上销售的果汁产品大致可分为：鲜榨果汁、纯果汁、浓缩果汁和果汁饮料。孕妈妈应避免大量饮用果汁饮料，尽可能选择鲜榨果汁和纯果汁。因为采用高温灭菌方法制成的果汁，营养成分也会有所流失。在制作果汁时，会加入一些甜味剂、防腐剂等，虽然这些添加剂的使用都有严格规定，但与水果中的天然成分相比，毕竟是人体所不需要的。

◎ 果汁虽好不能替代水果

在将水果制成果汁时，需要将水果捣碎或压榨，这个过程会将水果中的纤维素和一些容易被氧化的维生素破坏掉，因此喝果汁并不能完全替代吃水果。

◎ 巧留果汁营养

即使是榨了之后马上就喝的果汁，也会有相当一部分营养素损失。那么为了胎宝宝的健康成长，孕妈妈如何做才能尽可能留住果汁的营养呢？

热烫后榨汁：把水果在沸水中略微烫一下，不仅维生素的损失变小，出汁率增加，还能让榨汁颜色鲜艳，不容易变色。

现榨现喝：榨汁后维生素和抗氧化成分的损失每分钟都在增加，要尽量减少果汁和空气的接触，最好及时喝掉。

连渣吃掉：水果中含有不溶性的纤维，榨汁后不溶性元素，如钙等，会被留在水果渣中。因此如果有可能，喝果汁时最好连渣吃掉。

营养加油站
柚子香橙蜜汁

原料：柚子、香橙、蜂蜜或冰糖水，比例为1：20：1。

功效：

1. 柚子中含有丰富的新陈皮，能止咳、解痰、抗病菌，还有除肠胃中恶气、治疗孕妈妈食欲不振的功效。柚子还含有能降糖的类胰岛素，能有效预防孕期高血糖。

2. 橙子中含有丰富的果胶、蛋白质、钙、磷、铁，尤其是维生素C的含量很高，具有生津止渴、消食开胃的功效，适合孕早期孕妈妈食用。

胎教密语：环境胎教传递活力

环境胎教体现了人文与环境的和谐对下一代的影响。环境胎教首先应改善和提高孕妈妈的居住条件和居住环境，以适应孕妈妈心理及生活需求为主，兼顾胎宝宝的生长发育需要，通过环境因素向胎宝宝传递正能量。

◎ 环境布置

一定要有鲜花与绿色植物的点缀，同时要有植物和图片及宝宝图片（本书赠送），可以让孕妈妈经常观赏，将环境中的花类植物与自己的心情进行定位，将自己美好的愿望与植物相对应，向胎宝宝传递热爱大自然、热爱生活的信念。

◎ 营造意境

环境胎教是一种意境和享受。人在大自然中完全地放松和融入，将人间的烦恼和生活的压力全部抛开。都市中的孕妈妈坚持每日在清新的空气中做深呼吸，可以调整整个孕期的压力。主动地对周围的人微笑，建立友好相处关系，借助外界人际关系将孕期变得幸福、吉祥。

◎ 远离污浊

环境胎教可避免孕妈妈进入不良场景或污浊场所，所谓耳不听秽语，眼不观浊物。孕妈妈应尽量减少到公共场所，避免去人多拥挤的地方，不要与周围的人发生激烈冲突，对现代电子设备伤及胎宝宝的可能更要进行有效防范。只有与环境万物和谐相处，处处利用环境的优势，才能提升孕妈妈的怀孕质量。

小乌龟，走啊走

小乌龟想去看大海，大海离这儿很远很远，小乌龟走得很慢很慢。

但小乌龟想：我只要一直走，一定能看到大海。

小乌龟走着走着，一颗红红的枣落下来，他抬起头来一看：秋天到了，树上结满了果实，叶子也要变黄了。

小乌龟走着走着，一片雪花落下来，他抬起头来一看：冬天到了，屋顶、树梢、山坡上都是白白的雪。

小乌龟走着走着，一片桃花落下来，他抬起头来一看：春天到了，春风轻轻地吹，小草变得绿茸茸的。

小乌龟走着走着，听到了大海的声音，他抬起头来一看：啊！蓝色的海面上，翻滚着白色的浪花。

给胎宝宝的话

小乌龟，走啊走，从秋走到了夏，终于看到了大海！小乌龟可真棒！他不断前进，没有停止自己的脚步，没有放弃自己的梦想。妈妈希望宝宝将来也像小乌龟一样，有梦想，更能坚持。

第28周

日子过得真快，孕妈妈即将告别孕中期了！从现在开始，还有两个多月胎宝宝就会和孕妈妈见面了。对于即将到来的家庭新成员，孕妈妈是不是感到特别兴奋和期待呢？

胎宝成长笔记

胎宝宝身长约37厘米，体重约1200克。大脑的思维部分快速发育，内脏的形状和机能已接近成人，脂肪层在继续积累。胎宝宝的味觉敏锐并能感到疼痛，性格也已有所显现。由于几乎充满了整个子宫，胎宝宝的活动越来越少，胎动也在减弱。

宝贝计划:胎宝宝求救密码

胎宝宝在宫内如发生缺氧会发出求救信号，孕妈妈一旦捕捉到，应及时去医院就诊。胎宝宝缺氧是导致胎死母腹、新生儿染疾或夭折及儿童智力低下的主要原因。引起胎儿宫内缺氧的原因很多，有妊高症、过期妊娠等引起的胎盘功能不全；有脐带缠绕、受压等脐血流通不畅或阻断；还有各种难产等。

尽管现代有许多仪器设备能监测出胎宝宝的缺氧情况，但孕妈妈难以时时刻刻受到医疗监护，因而有些胎宝宝缺氧不能及时被发现，并得到纠正。

◎ 求救密码1: 胎动改变

胎动是胎宝宝正常的生理活动，胎动情况因不同胎宝宝而有别，一般安静型胎宝宝胎动比较柔和，次数较少；兴奋型胎宝宝胎动动作大，次数多。孕妈妈计算胎动可取坐位或卧位，每日早、中、晚在固定的时间内各数1小时，3次相加乘以4，即为12小时的胎动次数。正常情况下应大于30次。

策略: 如果一个原本活泼的胎宝宝突然安静，或一个原本安静的胎宝宝突然躁动不安，每12小时的胎动低于10次或超过40次，则提示有可能胎宝宝宫内缺氧。这是宝宝为了降低氧的消耗或缺氧影响中枢神经所致。

◎ 求救密码2：胎心异常

正常的胎心是规律而且有力的，孕晚期110~160次/分钟。如胎位正常，胎心位置应在孕妈妈下腹的左侧或右侧即胎背所在的一侧，可借助简单的器械听取。如胎动减少，且出现胎心过频，超过160次/分钟，为胎宝宝早期缺氧的信号；如胎动减少或停止，胎心少于120次/分钟，则为胎宝宝缺氧晚期。

策略：若胎心正常，则应间隔20分钟再听；若胎心较快，不要紧张冲动，还应在没有胎动时复听。听取胎心的位置应由医生指导。

◎ 求救密码3：生长停止

胎宝宝的生长情况可以通过测量子宫底高度（耻骨联合上方到子宫底最高处距离）得知。正常情况下，妊娠28周以后应每周增加1厘米左右，孕妈妈可定时在家里或到医院测量。宫内缺氧后胎宝宝的生长也会迟缓。

策略：如果持续两周不增长，则应做进一步检查。

妈妈的爱：轻松巧干家务

孕期的妈妈，可以从事不很重的家务活儿。但是，一些需要体位变化（如爬高等）、会压迫到子宫的动作，要尽量不做。做家务时，动作要轻柔、缓慢，不要太激烈。

以缓慢为原则：可以分阶段缓慢进行，并以不直接压迫到肚子为原则。

不要长时站立：不要长时间站立，站立15~20分钟后应休息10分钟。

降低卫生标准：如果平时对家务要求严格，怀孕时就可以稍微降低标准了。

要以舒适为主：以不影响身体舒适为主，如果突然出现不适，应立即停止并躺下休息。

小贴士

有些家务不能做

不要过度屈膝或过度伸展，也不要长时间蹲着；不要登高打扫卫生，不要弯着腰干活儿，也不要搬抬重物，冬天不要长时间接触冷水。

辣妈加油：行车安全法则

现在外出，很多时候需要以车代步，因为路途较远的原因，尤其是上班和去医院检查，孕妈妈安全乘车很重要。

◎ 汽车族孕妈妈

增加活动。如果总是坐在车里，较少活动，容易下肢水肿、发胖，将来分娩时也可能会发生一定的困难，适当活动还是有必要的。

保护好腹部。孕妈妈自己开车，那么，无论何时都要注意避免因紧急刹车摇晃到肚子，更应留心安全带的位置，不要紧紧地勒在腹部，让小宝宝"忍辱负重"。要适当挪移安全带，避开"危险地带"。

绕开颠簸的路。开车要避开孕早期和孕晚期，选择相对"安全"的孕中期，并在丈夫或亲友的陪伴下，绕开颠簸的路途。

◎ 公交族孕妈妈

不抢时间。每天上班前都要从家出发赶往车站，然后在车站等车，这就要留出足够的时间。如果时间不充足，孕妈妈也会像其他上班族那样一溜小跑地奔向车站，甚至不顾一切地追赶即将发动的汽车，这都会造成危险。此时，真是"宁停三分，不抢一秒"了。

避开高峰。遇到上班高峰期，公交车会非常拥挤，孕妈妈最好能避开高峰期，如果做不到，也不要与他人争抢车门、座位，在推搡中最容易出现问题。特别是在孕早期，孕妈妈的体型变化不明显，同行的乘客们无法察觉你的不同，而孕妈妈也不可能大声疾呼："我怀孕啦，别挤啦。"

做好保护。孕妈妈的衣服一般比较肥大，在乘公交车时注意不要让车门夹住衣物，也注意不要让同车的乘客踩到，让人既尴尬又着急。孕妈妈上下车不仅不要和他人争抢，更要注意脚下的台阶。一旦见红、破水，千万不要乘公交车了，要尽快到熟悉的医院就诊。

尴尬时刻辣妈巧应对

怀孕放屁：孕妈妈腹腔压力大，食物经过胃肠道时间长，产生的气体多，因此屁也比一般人多。可少食多餐，少吃豆类，也不要喝碳酸饮料和带气的果汁。

尿湿鞋袜：子宫变大压迫膀胱，使得膀胱无法存储过多尿液，孕妈妈走路时，有时会出现小便失禁现象。孕前、孕期多做运动，锻炼膀胱的力量，也可用卫生巾解决问题。

难闻裤裆：体内激素的变化和胎宝宝体

重的增加，都会导致这个令人难堪的问题。注意保持阴部干燥，使用卫生护垫并经常更换内裤。

记忆力差：健忘常与孕期激素变化有关，也可能因孕期压力过大造成。建立自信，相信一切都可以掌控，压力小了，记忆力往往就会恢复。

脾气不佳：激素变化让孕妈妈变得易怒并具攻击性，或是因忧郁症，对轻微的情绪刺激都难以忍受。不妨和心理医生谈一谈，有时这不仅是激素造成的，还有情绪问题。

孕期营养：巧补蛋白质

蛋白质是一切生命的物质基础，是构成组织和细胞的重要成分，肌肉、骨骼及内脏等主要由蛋白质组成。可以说，蛋白质是人类的基本营养素。

◎ 蛋白质缺乏的危害

蛋白质供应不足，则可能导致胚胎发育迟缓，对健全胎宝宝内脏和大脑也非常不利，而且容易造成流产，或胎宝宝发育不良，出现先天性疾病及畸形。

孕妈妈若缺乏蛋白质，产后母体也不容易恢复。有的孕妈妈因为产前蛋白质摄取不足，分娩后身体一直衰弱，甚至还会出现多种并发症。

◎ 含蛋白质丰富的食物

动物性食物中含蛋白质丰富的有瘦猪肉、牛肉、鸡肉、牛奶、乳酪、肝类、鱼、蛋等；植物性食物中含蛋白质丰富的有黄豆、小麦、大米、红薯、花生、小米等。需要注意的是，孕妈妈饮食中如蛋白质含量过高，生殖系统中铵的含量就会相应提高，从而影响胎宝宝发育，并导致流产概率增加。

营养加油站
一品海鲜煲

原料：鲜虾、鲍鱼、湿海参、响螺片、西蓝花、姜片、酒、蚝油、鸡粉、胡椒粉、麻油各少许。

做法：

1. 将鲍鱼剖洗干净，用牙刷刷去表皮脏物，冲洗干净待用。

2. 把湿海参剖洗干净，切成长6厘米的段，与响螺片一起放入滚水中煮2分钟，捞起，滤干水分。

3. 将西蓝花切成小朵，洗净待用。

4. 放入10克生油于煲内烧热，加入姜片爆香，再加入其他材料，注入滚水50克，盖上盖煲3分钟，最后放入调料拌匀便成。

功效：超高蛋白质的菜式，特别适合孕妈妈蛋白质的摄取量应比以前有所增加的要求。

胎教密语：美术胎教好处多

美术胎教是指孕妈妈注重美感熏染，通过欣赏美、追求美、把握美来提高美学修养，获得美的享受，熏染腹内的胎宝宝，不仅有利于调节情绪、陶冶情操，而且对宝宝的成长也能起到潜移默化的促进作用。

◎ 绘画艺术

孕妈妈可从名画中品味出线条、色彩和整体意境的美。画画不仅能提高人的审美能力，产生美的感受，还能通过笔触和线条，释放内心情感，调节心绪平衡。画画具有和音乐治疗一样的效果，即使不会画画，孕妈妈也能在涂涂抹抹之中自得其乐。

◎ 剪纸艺术

孕妈妈可以先勾轮廓，而后细细剪，剪个胖娃娃，"双喜临门""喜雀登梅""小放牛"，或宝宝的属相，如猪、狗、猴、兔等。孕妈妈别怕麻烦，更别说不会剪，因为问题不在于你剪得好坏，而在于你在进行艺术胎教，你在向胎宝宝传递深深的"爱"，传递"美"的信息。

小熊和玉米

　　顽皮的小熊趴在玉米堆上睡着了。

　　"好挤！好挤呀！"小熊被一阵吵闹声惊醒了。

　　"谁在喊呀，我正在做梦呢！"小熊揉了揉眼睛，不高兴地说。

　　"好挤呀！"又传来一阵吵闹声。小熊仔细一看，原来是玉米上的玉米粒儿们在说话。

玉米上的玉米粒儿们你挤我，我挤你。他们对小熊说："你多好呀，一个人睡觉多舒服！"

小熊却说："你们才好呢，大家挤在一起，多暖和！"

呼呼——小熊搂着一个大玉米睡着了，嘴里还在小声地说："真暖和，真暖和！"

优质准爸爸训练营：扮演好新角色

角色1：护花使者

多陪孕妈散步

陪孕妈妈散步应成为准爸爸每日必做功课，时间可在晚饭后、睡觉前，地点为空气清新之处。

帮助孕妈按摩

为孕妈妈每天做个小按摩，对孕妈妈的身体放松和压力疏解都大有好处。

经常给孕妈妈惊喜

给孕妈妈准备的礼物不一定非要多么的贵重，重要的是体现出对她的一份关心。

多谈论快乐的话题

要帮助孕妈妈转移注意力，不要总是谈论一些令人不快的话题，不妨将话题转移到孕妈妈比较感兴趣的事情。

帮孕妈妈找回自信

最有效的方法便是真诚地赞美她，告诉孕妈你很喜欢她现在的样子。

陪孕妈妈参加社交活动

承担起司机和"护花使者"的责任，改变孕妈妈闭门不出的状况。

角色2：心理辅导员

孕妈妈的"心灵安定剂"

细心安排好孕妈妈的物质生活与精神生活，是稳定孕妈妈情绪的良方。

更多的关爱、理解和支持

不要嗔怪孕妈妈变得"娇气"，对孕妈妈要尽量理解和包容，有时间多陪陪她，耐心劝慰她。

将坏心情关在门外

因工作不顺心或在外遇到不愉快的事情，也应该在跨入家门的一刻，将不良的情绪排除掉，用好心情来面对孕妈妈。

幽默对待矛盾

当与孕妈妈意见不一致时，准爸爸要注意控制情绪，以幽默应对，千万别让孕妈妈激动。

随时调节孕妈妈情绪

时刻提醒自己，观察孕妈妈的心情变化，及时帮助她消除紧张消极的情绪。

一起学习孕娩知识

提前了解各种异常情况的预防和处理方法，这样有助于消除孕妈妈的紧张情绪。

角色3：专业按摩师

腰部按摩：准爸爸与孕妈妈呈拥抱姿势，准爸爸握拳，在孕妈妈腰部近脊椎边的肌肉上打圈按摩，动作要轻柔。

脊背按摩：准爸爸与孕妈妈呈拥抱姿势，准爸爸从孕妈妈骨盆以下12~15厘米位置开始，用双掌沿着脊椎两边的肌肉往上慢慢扫按，直至肩胛位置。

大腿按摩：孕妈妈仰面躺在床上，准爸爸双手环扣在其膝盖位置，由下往上轻轻推按。

脚跟按摩：准爸爸按摩孕妈妈脚跟内侧、脚跟中间的凹陷处，能够有效缓解腿部浮肿和静脉曲张。

第四章 孕晚期

期待与你见面的日子

　　虽然准妈妈现在大腹便便，行动不如以前灵活了，脚步也一天比一天沉重，但要恭喜准妈妈，你已经进入怀孕的最后阶段，你们母子很快就会见面啦！所以，给自己再打打气，轻松舒缓一下孕晚期度日如年的焦虑情绪，在最后的冲刺阶段，把所有期待化作点点滴滴的付出，继续加油努力吧！

第29周

胎宝宝跟你见面的时间又近了一些。虽然伴随着胎宝宝给你的惊喜，你还会遇到一些小麻烦，但是对于你这位坚强无比的幸福孕妈妈来说，一切都是可以克服的。准爸爸也会更加呵护你，这都将是你一生中最美好的回忆。

胎宝成长笔记

进入这一周，胎宝宝对外界的刺激反应已经非常明显。胎宝宝的头部随着大脑的发育不断增大，他的听觉、视觉发育也已相当完善，如果有光亮透过妈妈子宫壁照射进来，胎宝宝还会睁开眼睛把头转向光源哟。另外，这周小家伙还有个十分可爱的小动作不会被察觉，那就是"微笑"，也许是因为子宫挡住了噪声和强光，让小宝贝觉得很温暖、舒适的原因吧！

宝贝计划：读懂胎宝"心动"

在胎宝宝出生前，胎心音是联系胎宝宝和外界的唯一桥梁，是健康的重要指征。正常情况下，胎宝宝心率会随子宫内环境的不同，时刻发生着变化，胎宝宝心率的变化是中枢神经系统正常调节机能的表现，也是胎宝宝在子宫内状态良好的表现。

胎心监护的使命是尽早发现胎宝宝异常，以便在胎宝宝尚未遭受不可逆性损伤前，采取有效的急救措施，使新生儿及时娩出，避免发生影响其终身的损伤。

◎ 胎心监护

胎心监护上主要是两条线，上面一条是胎心率，正常情况下波动在110~160次/分钟，一般基础心率线表现为一条波形直线，出现胎动时心率会上升，出现一个向上突起的曲线，胎动结束后会慢慢下降，胎动计数每12小时大于30次为正常，小于10次则是提示胎宝宝缺氧。下面一条表示宫内压力，只有在宫缩时会增高，随后会保持20毫米汞柱左右。

正常的胎心监护包括：

1. 胎心基线范围：110~160次/分钟。

2. 胎心基线变异即基线上下波动的振幅：6~25跳。

3. 胎动时胎心有加速: 32周前加速大于等于10跳, 持续10秒; 32周后加速大于等于15跳, 持续15秒。

4. 无胎心减速。

小贴士

在家里测听胎心方法

1. 由准爸爸使用胎心听诊器或简易的喇叭听筒, 贴在孕妈妈腹部听。

2. 每天1次, 每次1分钟, 可在孕妈妈脐部上、下、左、右寻找胎心最清楚的部位测听胎心。

3. 如果发现在原先的位置忽然听不到胎心, 但可以感到胎动, 说明胎宝宝体位发生了变化。如果胎动也不明显, 胎心也听不到, 请立即就医, 进行检查。

妈妈的爱: 异常胎位应急预案

胎位: 就是胎宝宝在子宫内的位置和姿势。它直接关系到孕妈妈是顺产, 还是难产, 处理不好就会影响孕妈妈和胎宝宝的健康, 甚至可能给孕妈妈和胎宝宝带来生命危险。

正常的胎位不但头朝下, 而且胎头俯屈, 枕骨在前, 呈趴着的姿势, 分娩时枕部最先进入骨盆, 医学上称之为"枕前位", 也就是俗称的"趴着生", 这种胎位才是正常的胎位, 分娩一般比较顺利。

◎ 发生率比较高的胎位不正

臀位: 胎宝宝先露出来的部位是臀部。

横位: 胎宝宝先露出来的是肩胛骨。

枕后位: 胎宝宝先露出来的是后脑部。

◎ 发生率不高的胎位不正

复合式: 胎宝宝先露出来的部位是胎头、臀部、手或脚。

颜面位: 胎宝宝先露出来的是脸部。

额位: 胎宝宝先露出来的部位为前额。

胎位不正是很常见的情况, 大多数也会在足月时转变成为正常的胎位, 在孕30周后大多能自然转为"头位"。孕妈妈应该按时到医院进行相应的孕前检查, 关注胎位的变化情况, 看一看是否胎位能够自行纠正。并遵循医生的建议, 进行一些定期的保健活动、恰当的锻炼等。

辣妈加油: 帮胎宝宝纠正胎位

产前检查发现胎位不正, 正规医院一般不建议孕妈妈采取纠正胎位的方法, 而是令胎宝宝自行改变胎位。如果到临产时还是不能改变胎位, 医生会争求孕妈妈的同意, 进行一些恰当措施来帮助分娩, 如剖宫产等。

◎ 膝胸卧式运动

1. 孕妈妈采取跪伏姿势, 两肘贴住床面, 脸侧贴床面, 双腿分开与肩同宽。

2. 使胸部尽量贴近床面。

3. 双膝弯曲, 保持大腿与小腿呈直角, 与地面垂直。

4. 维持这种姿势约2分钟, 逐渐适应后可将时间延长至5~10分钟, 每天做2~3次即可。

◎ 艾灸双侧至阴穴（小足趾外侧）

孕妈妈取半卧或取坐位，或做胸膝卧位时，解松裤带，排空小便，每日艾灸1~2次，每次15分钟。

小贴士

不要盲目纠正胎位

引起胎位不正的原因很难明确，胎位不正有时导致医生也无从下手。如果盲目地纠正胎位就有可能产生另一方面的副作用，比如，胎盘绕颈等。胎盘绕颈要比胎位不正严重得多。孕妈妈一定要放松心情，不要因为胎位不正而心情抑郁，否则造成的后果会更加严重。

警惕孕期血压"低"走向

怀孕期间，孕妈妈可能会患一种"仰卧低血压综合征"，即当你仰卧时，心率和血压会有所变化，使你感到眩晕、恶心、呕吐、胸闷、面色苍白、出冷汗、心跳加快及不同程度的血压下降。这种情况严重时，可危及孕妈妈和胎宝宝的生命。出现这种症状的主要原因有3点：

1. 胎宝宝不断增大，仰卧时，增大的子宫压迫下腔静脉，使盆腔和下腔静脉的血液回流受阻，到达心脏的血液骤减，导致心排血量迅速下降，血压随之降低。

2. 增大的子宫还会压迫横膈，引起迷走神经兴奋，使心跳减慢，心脏血管扩张，同样导致血压下降。

3. 妊娠晚期，子宫本身的用血量约占全身的16%，也会使返回心脏的血量减少，继而血压下降。

如果出现不舒服，立刻改变姿势，左侧卧可以很好地缓解或减轻症状；孕妈妈千万要动作慢，不要站起来太快，要慢慢地从躺卧的姿势变为坐姿，然后再站起来。

孕期营养：蛋白质、脂肪要优质

孕晚期孕妈妈摄取足够的优质蛋白质和必需脂肪酸，是胎宝宝营养计划不可或缺的一部分。胎宝宝大脑、视网膜中所需长链多不饱和脂肪酸随胎龄而增加，其中DHA增加最显著。视网膜磷脂酰乙醇胺中的DHA、ARA随胎龄增加而增加，DHA、ARA的增加又被认为与孕晚期胎宝宝视网膜光感受器迅速发育有关。

整个孕期都需要这些元素，尤其是怀孕的最后3个月。因此，如果没有过敏等禁忌，孕妈妈的饮食要经常包括鱼、虾、坚果和绿叶蔬菜等。

胎教密语：胎教的巩固时期

怀孕晚期，孕妈妈常常动作笨拙、行动不便。许多孕妈妈因此而放弃孕晚期的胎教训练，这样不仅影响前期训练对胎宝宝的效果，而且影响孕妈妈的身体与生产准备。为了巩固胎宝宝在孕早期、孕中期对各种刺激已形成的

营养加油站
干虾米炒芹菜

原料: 干虾米10克, 芹菜200克, 植物油10克, 盐、酱油少许。

做法:

1. 将干虾米用水浸泡; 芹菜洗净切段, 用开水烫过。

2. 锅置火上, 放油烧热, 下芹菜快炒。

3. 放入虾米、酱油, 用旺火快炒几下即可。

功效: 芹菜中粗纤维含量丰富, 干虾米则富含蛋白质、钾、碘、镁、磷及维生素A、氨茶碱等营养元素。二者搭配食用, 有益于胎宝宝眼睛、大脑、血液和神经系统的发育, 同时还能帮助孕妈妈预防妊娠高血压。

视听训练不能少: 这一阶段胎宝宝的感官会逐渐发育成熟, 视觉、听觉、触觉等都会慢慢具备。准爸爸与孕妈妈可通过动作和声音与腹中的胎宝宝对话, 在对话过程中, 胎宝宝能够通过听觉和触觉感受到来自爸爸妈妈爱的呼唤, 对促进胎宝宝的身心发育具有十分有益的影响。

阅读胎教最佳时间: 医学研究发现: 怀孕7~8个月时, 胎宝宝的脑神经发育几乎已经达到与新生儿相当的水平, 一旦捕捉到外界的讯息, 就会通过神经管将它传达到胎宝宝身体的各个部位。此时, 胎宝宝脑外层的脑皮质也很发达, 因此可以确定胎宝宝具有思考、感受、记忆事物的可能性。定时阅读故事给腹中的宝宝听, 可以让胎宝宝有一种安全与温暖的感觉。孕妈妈若一直反复念同一则故事给胎宝宝听, 会令其神经系统变得对语言更加敏锐。

条件反射, 孕晚期更应坚持各项胎教内容。

开始光敏感训练: 此阶段, 胎宝宝各器官、系统发育逐渐成熟, 对外界的各种刺激反应更为积极。例如, 当用光源经孕妈妈腹壁照射胎宝宝头部时, 胎头可转向光照方向, 并出现胎心率的改变, 定时、定量的光照刺激是这个时期的一个胎教内容, 但要注意时间不可过长。

坚持运动不懈怠: 孕妈妈在孕晚期最好不要轻易放弃自己的运动, 以及对胎宝宝的胎教训练。因为, 适当的运动可以给胎宝宝躯体和前庭感觉系统自然的刺激, 可以促进胎宝宝的运动平衡功能。

小贴士

多了解分娩知识

进入孕晚期, 孕妈妈在坚持各种胎教活动正常进行的同时, 还应适当了解一些分娩知识, 以消除临近分娩的害怕心理, 保持期盼、愉快的心态。同时养精蓄锐, 避免劳累。早晚仰卧, 练习用力、松弛方法, 为即将来临的分娩做准备。

七个妈妈

小兔子喜欢和妈妈玩，可是，妈妈每天都很忙。

小兔子想：为什么只有一个妈妈呢？如果有七个，该多好呀！

一个妈妈洗衣服，一个妈妈做饭，一个妈妈买东西，一个妈妈打扫房间，一个妈妈上班，一个妈妈陪爸爸，还有一个妈妈陪他玩。

　　小兔子和妈妈可以去游乐园滑滑梯、荡秋千、划船，还可以去郊外钓鱼、爬山、野外探险……到了晚上，小兔子不想玩了，就让妈妈给他讲故事——每个妈妈必须讲一个，他可以听一个、两个、三个、四个、五个、六个、七个——七个故事！

　　可是，小兔子只有一个妈妈。

　　今天，妈妈又好忙好忙。

　　到了晚上，她又打了个大大的哈欠，说："妈妈好累。"

　　还好，妈妈只有小兔子一个宝宝，如果有七个宝宝，她该有多累啊！

给胎宝宝的话

　　宝宝，你会不会也和小兔子一样，希望妈妈可以变成很多个？陪你一起游戏，一起讲故事，一起睡觉，只可惜呀，每个宝宝都只有一个妈妈。不过，妈妈一定会努力做个让宝宝喜欢的妈妈！

第30周

与胎宝宝相知相伴200多个日日夜夜，你一直在给胎宝宝讲故事、唱歌吗？如果是的，那么现在的胎宝宝已经非常熟悉你的声音了。此时的你也需多留意自己的身体，一旦发生不规则宫缩，要立刻休息。

胎宝成长笔记

这周胎宝宝的眼睛已经可以自由开闭了，他大概能够看到子宫中的景象，还能辨认和跟踪光源。除此之外，男胎宝宝的睾丸正在从肾脏附近的腹腔，沿腹沟向阴囊下降的过程中，女胎宝宝的阴蒂已凸显出来，但并未被小阴唇所覆盖。

宝贝计划：拒绝早产

十月怀胎，一朝分娩，即所谓"瓜熟蒂落"。每一个孕妈妈都希望能生一个足月健康的胎宝宝，但有的怀孕尚未足月，就"瓜不熟而蒂早落"，也就是提前分娩，这种现象在医学上被称为早产。据世界卫生组织制定的标准，在怀孕28~37周之间发生的分娩为早产。

◎ 早产孕妈有3信号

下腹部变硬。过了第8个月，孕妈妈下腹部反复变软、变硬且肌肉也有变硬、发胀的感觉时，你首先应保持安静，并尽早去医院接受检查。

少量出血。少量出血是临产的标记之一，但有时是从生殖器官出血，这有非正常临产的危险，可局部用干净的纱布、脱脂棉、卫生纸垫上止血。

破水。温水样的东西从阴道流出，就是早期破水。有的孕妈妈即便是早期破水，仍能在几周后平安生产，但一般情况下是破水后阵痛马上开始，此时可把臀部垫高，不要动腹部，马上去医院。

◎ 孕妈妈小心应对早产

最好能采用左侧卧位卧床休息，这样能增加子宫胎盘的血流量，改善胎盘功能。

在医生指导下可以使用一些抑制宫缩的药物。使用糖皮质激素可通过胎盘，促进胎肺成熟，减少新生儿呼吸窘迫综合征、脑室内出血、小肠坏死等概率，从而降低新生儿的死亡率。此时千万不要觉得用激素就不好，要知道适当使用，利远大于弊。

保持良好、规律的生活状态，避免紧张、焦虑和抑郁等不良情绪，保持精神上的愉快。

妈妈的爱：远离花香"灾难"

所谓"花香怡人"，其实过香的花对孕妈妈可能是一种"灾难"，它会刺激孕妈妈的神经，引起头痛、恶心、呕吐，并影响她们的食欲，严重的还可能导致胎宝宝不稳，甚至流产。

鲜花中的"孕妈灾星"：浓烈气味的鲜花，比如，茉莉、夹竹桃、一品红等，可能会导致室内空气含氧量下降，所以，最好不要摆放在卧室。不仅自己不要养，平时在室外碰到这些气味浓烈的花也要避远一点儿。

鲜花中的"孕妈福星"：如芦荟、仙人掌等，因为这些植物香气清淡，白天晚上均能释放氧气，对空气调节有一定的作用，芦荟更能在一定程度上吸收一些室内有害物质，如甲醛等，益处多多。

辣妈加油：享受"性"福

妊娠晚期的前几周，健康的孕妈妈还是有权享受性趣的，但到达32周后，请切记禁止性生活。这既是为了防止感染妇科炎症，也是避免腹压过大或刺激太强引起宫缩，进而引发早产。

做好个人卫生。做爱前后双方都要清洗下身，以免引发细菌感染。

不要过于激烈。老公不要插得太深，高潮时要慢慢地抽动，进行中不要频繁变换体位。

选择不压迫腹部的体位。怀孕是夫妇二人探索和体验不同体位的一个机会，可以尝试和体验适宜孕期的体位，一般来说下面这些姿势适合孕妈妈和准爸爸采取：

女方在上：女方跨坐在男方的身上，这样可以使女方掌控深度和角度，而且这种体位也不会压挤到孕妈妈的腹部。

侧卧位：男方躺在女方的体侧，从后面进入。

后侧位：男方跪在女方的身后，女方跪着，双臂撑地。这种体位对孕妈妈的腹部不会产生压迫。

缓解孕晚期各种不适

◎ 尿意频频

到了妊娠后期，孕妈妈在排尿后总有未排净感，频频如厕，但每次排尿量都比平时少。

缓解法：除了在饮食上尽可能控制盐分的摄入，更重要的是一感到有尿就马上如厕排出，不要经常忍尿，以防引起膀胱感染。平时多喝温开水以增加尿量，每天更换内裤，用温开水清洗外阴1~2次，同时注意节制性生活。

◎ 腿抽筋

突然的腿部痉挛让人感觉说不出的苦。出现腿抽筋大多是母体钙摄入不足造成血钙低下，增加神经肌肉的兴奋性，导致肌肉收缩，继而出现抽筋。过度劳累，以及睡眠姿势不当，都会引起腿部肌肉"被动挛缩"，也就是抽筋。

缓解法：补钙的同时，要注意维生素D的摄入，促进钙的吸收和利用；按摩双下肢肌肉，用热水泡脚，可起到舒筋活血、解除痉挛的作用；睡觉时采取左侧卧位可以改善腿部的血液循环。白天适量做一些体育锻炼，可以增进血液循环，减少抽筋的发生。

孕期营养：会吃会喝巧补身体

现在已经进入孕晚期，胎宝宝的营养需求达到了最高峰，这时你需要摄入大量的蛋白质、维生素C、叶酸、B族维生素、铁质和钙质。你应该多喝一些牛奶，每天最好喝1000毫升。不爱喝牛奶可以改喝豆浆，多吃豆腐、海带和紫菜，这些食物中钙的含量也很高，特别是海带和紫菜中还含有丰富的碘，有利于胎宝宝发育。

小贴士

孕妈妈不宜盲目节食

营养不良的孕妈妈容易发生难产、贫血等疾患，而饮食良好，并体重不断适度增长的孕妈妈更有可能生下健康的宝宝。

孕妈妈不能盲目节食，只有在达到满足孕妈妈本身和胎宝宝营养所需的情况下，才能适当控制饮食，以防自身身体过胖和胎宝宝过大，出现难产。在正常情况下，孕妈妈身体胖一些，分娩后加紧锻炼身体，是完全可以减肥成功恢复原来的体形的。

营养加油站
莴苣肉片

原料：莴苣300克、瘦猪肉150克，酱油、料酒各少许，盐、醋、蛋清、淀粉、淀粉水、鸡精、葱段、姜片各适量。

做法：

1. 将莴苣去皮，择洗干净，切成薄片；瘦猪肉洗净，切片，盛放在碗内，加入盐、酱油、料酒和蛋清一起搅拌，然后加适量淀粉抓匀上浆。

2. 倒油入锅，烧至八成热，爆香葱段和姜片，再加入瘦猪肉片翻炒。

3. 放入莴苣、料酒、酱油、醋、盐和鸡精一起翻炒，快熟时加少许淀粉水勾芡，翻炒均匀即可起锅。

功效：莴苣富含钾、碘、氟等元素，钾元素有利排尿，碘元素有镇定作用，氟元素可促进牙齿和骨骼的生长；猪肉富含蛋白质和人体必需脂肪酸；二者搭配食用有助缓解孕妈妈临近分娩时常出现的紧张、睡不着觉等情况。

胎教密语：最佳阅读内容

怀孕后期，胎宝宝已具备了听力和感觉能力，对爸爸妈妈的言行会做出一定的反应，而且出生后会在脑子里形成记忆。此时，进行语言胎教，亲切的语言将通过语言神经的振动传递给胎宝宝，使胎宝宝不断接受客观环境的影响，在不断变化的文化氛围中发育成长，效果会加倍哟！

◎ 胎宝宝最爱儿童故事

给胎宝宝讲故事时，孕妈妈可把胎宝宝当成是一个懂事的胎宝宝，认真地用充满感情的语气给他讲故事。在此期间，孕妈妈要注意选择一个舒服的姿势，精力要集中，发出的声音要轻快、明朗、缓和，带着感情色彩，避免发出高声尖厉的喊叫，讲述时要绘声绘色，这样才能感染到胎宝宝。

给胎宝宝讲故事时，避免讲会让人感到恐惧、压抑和伤感的内容。格林童话、安徒生童话，以及《婴儿画报》中都有不少轻快自然、适合给胎宝宝阅读的内容。

◎ 朗诵要有情景和情感

孕妈妈除了可朗诵胎宝宝十分喜爱的儿童故事外，也可以朗诵一些你喜欢的其他东西，如散文、诗歌、儿歌。只是在朗诵时需充满情感，声调要抑扬顿挫，要将文中的思想感情表达出来。朗诵的时间不宜过长，以不感到疲劳为宜。

◎ 与胎宝宝"对话"有技巧

由于胎宝宝还没有关于这世界的认识，不知道对话的内容，只知道声音的波长频率。而且，他并不是完全用耳朵听，而是用他的大脑来感觉，接受着母体的感情。所以在与胎宝宝对话时，孕妈妈要使自己的精神和全身的肌肉放松，精力集中，呼吸顺畅，排除杂念，心中只想着腹中的胎宝宝，把胎宝宝当成一个站在你面前的活生生的孩子，这样才能收到预期的效果。

新年快乐

　　小企鹅趴在窗口，看看外面的冰雪，又看看自己的身体问："这里只有黑色和白色吗？"

妈妈拿着红色的外套、黄色的围巾进来了，说："这是给你的，喜欢吗？"小企鹅点点头。妈妈又从背后拿出一个玩具，说："这个呢？"

小企鹅高兴地说："这是我最想要的绿陀螺！"

爸爸抱着一双冰鞋进来了，说："我想这种蓝色也是你喜欢的吧？"

"是的，我喜欢。"小企鹅不明白，他问，"为什么今天有这么多礼物？"

妈妈帮小企鹅穿上新衣服，笑眯眯地说："因为新年到了呀，新年快乐，我的宝贝儿！"

小企鹅问："新年到了，我长大了一岁？"

爸爸说："没错！小小男子汉，还等什么，跟我去贴春联、放鞭炮吧。爸爸都等不及了。"

小企鹅一扭一摆地跟着爸爸，他大声喊："来啦，来啦，新年来啦！"

给胎宝宝的话

有宝宝一起过新年，是最快乐的事！我们穿新衣、戴新帽、贴春联、放鞭炮，给爷爷奶奶和长辈们拜年，祝贺我们又长大一岁！新年还是我们的传统节日，也是团圆的日子，我们一起感受节日的快乐吧！

第31周

这一周，你腹中胎宝宝的眼睛开始时开时闭，他能够看到子宫里的景象了。而你身体的不适症状却可能有些增多，有时甚至还会感到呼吸困难，这时要少吃多餐，以便减轻胃部的不适。

胎宝成长笔记

31周的胎宝宝，肺部和消化系统已基本发育完成，可以有呼吸能力和分泌消化液。除此之外，他的眼睛也开始有颜色了，但出生后6~9个月才会显出真正的颜色，这是因为眼睛里的色素需要见光才会显出真正的颜色。他的眼皮常常在活跃时睁开，在睡觉时闭上。

宝贝计划: 选择适合的分娩医院

不同医院有各自的特点，孕妈妈临产前一定要根据自己产前检查的实际状况，理性分析，选择最适合自己的医院。

专业性较强的妇幼保健院。从硬件和医生专业技术水平上来说，妇幼保健院都可能比一般综合性医院更为专业。一些中型妇幼保健院所配置的妇产科医疗器械比一般综合医院会更齐全，比如，孕期的B超检查、唐氏筛查等所需医疗器械。有孕期高血压疾病、孕期糖尿病、胎膜早破等产科并发症的孕妈妈，适宜在妇产专科医院分娩。

综合性医院。科室齐全、各科专业人员全、技术水平高是综合性医院最大的优势。对于原来就有慢性疾病和容易出现异常并发症的孕妈妈来说，在综合性医院各门诊科室会诊和处理病情会更方便。

个性化产科医院。这些医院在保证技术一流的同时，更重要的是提供一种温馨、私密的人性化服务。星级宾馆式的母婴同室标准病房、套间贵宾病房集待产、分娩、恢复为一体，为新妈妈提供温馨的产前产后指导，以及新妈妈康复、母乳喂养、新生儿抚触、新生儿洗浴、游泳等一系列服务。这类医院通常对孕妈妈的经济要求比较高。

选择分娩医院有讲究。首先要考虑分娩医院的安全性，就是从技术上讲要过硬，能及时妥善处理各种危机。因此，要事先对医院的医疗设备、医疗水平等进行详细了解；其次，还要考虑医院环境的舒适性，让孕妈妈感到很舒服也很重要。

妈妈的爱：为胎宝宝控制好体重

孕妈妈为了胎宝宝的健康成长，你一定要保持良好的心态，做到科学控制饮食。

饮食规律均衡。保持吃早餐、午餐、晚餐和两顿小食的规律饮食。每天摄取1800~2400卡路里就足够了。

避免喝果汁和带甜味的饮料。尽量只喝低脂或无脂牛奶、水和不甜的饮料；零食多吃健康和富含营养的食物。

经常进行运动。即使每天只是散步慢走20分钟，你都能够从中获得不少的益处。

避免摄取单糖。应该选择碳水化合物的食物，如全麦面包、燕麦、蔬菜和水果等。

每天摄取25~30克的纤维素。富含纤维的燕麦和全麦类食物能够更容易产生饱足感。

辣妈加油：躲开静脉曲张

工作时多活动腿脚。工作时应经常动动脚趾、转动踝关节、伸屈四肢等，双脚最好踩在一个小板凳上，这对预防下肢静脉曲张的发生会有一定的帮助。

避免久站。久站工作时，必须定时坐下来休息一会儿。进入孕晚期以后，每次站立的时间最好不超过半小时。一旦腿脚感觉到累，可首先选取躺卧方式进行休息，以方便腿部血液循环，缓解腿脚部位的疲劳。

每天到户外散步。这不仅能让孕妈妈呼吸到新鲜空气，而且可以锻炼腿部肌肉的紧张度，预防静脉曲张。散步的时间以孕妈妈不感到疲劳为宜，每天1~2次。

睡觉姿势采取左侧卧位。这样可以减轻孕妈妈腹主动脉和下腔静脉的压力，使得血管中血液循环通畅，预防静脉曲张。另外，孕妈妈睡觉时用枕头将双腿适当垫高，也可促进下肢的血液回流，预防静脉曲张。

小贴士

洗澡水温别过高

经调查发现，高温容易造成血管扩张，因此孕妈妈洗澡时应避免水温过高，以免出现头晕、乏力、胸闷等症状。通常来讲，孕妈妈洗澡水温应以27℃~37℃之间为宜，最好不要超过40℃。另外，孕妈妈洗澡的时间也不宜过长，每次洗澡时间应控制在20分钟以内。

大肚婆腰肩不适，缓解有招

◎ 缓解腰部不适

孕妈妈保证每天得到充分休息，在休息时采取侧卧位和双腿屈曲的姿势，或将枕头、坐垫等柔软的东西垫在膝窝下，可以在很大程度上使身体各个部位的肌肉得到放松，减轻腰部酸痛。不过，要注意经常变换体位。除此之外，坐在椅子上时要注意放松全身肌肉，后腰要非常舒服地靠在椅背上，上半身注意挺直，避免坐过长时间。

◎ 缓解肩背不适

孕妈妈要避免长时间保持一个姿势，如久坐不动，这样可以避免肩背肌肉产生疲劳。当感到肩部肌肉僵硬不适时，采用轻拍肩背的方法，可以帮助肩部肌肉松弛。当孕妈妈感到背痛时，可以仰卧在床上，利用脚和胳膊的力量轻轻抬高背部，同样可以帮助减轻肩背不适。

孕期营养：孕妈妈的最佳零食

营养不足会直接危害胎宝宝和孕妈妈的健康，可以采用吃零食的办法来补充必需的营养。孕妈妈可以选择营养丰富、低糖、低能量、高膳食纤维的零食。

零食可以补充正餐摄取不足，也可以帮助喜欢吃零食的孕妈妈解馋。但孕妈妈选择零食，首先要注意零食的卫生，街头露天零售食品最好不要吃。另外，腌制食品、冰激凌、罐头和过甜点心等零食，有可能对你的身体造成不良影响，可以考虑用果汁代冰激凌，用新鲜水果代替水果罐头，把黄瓜、西红柿等蔬菜当水果吃，吃

营养加油站

红枣

营养：富含能使人延年益寿的维生素P，维生素C的含量也很高，还富含蛋白质、脂肪、有机酸、钙、磷、铁、胡萝卜素及维生素B族等多种营养成分。

功效：具有补血安神、补中益气、养胃健脾等功效，还能防治妊娠期高血压，非常适于孕妈妈食用。但枣也不能吃得太多，否则很容易使孕妈妈产生胃胀气。

花生

营养：花生所含的人体必需不饱和脂肪酸远远比猪油等动物油多。花生中的糖、钙、磷、卵磷脂、胆碱以及维生素A、B、E等含量也很丰富。

功效：有和胃、健脾、滑肠、润肺、化痰的功效。孕妈妈每天吃一点儿花生可以预防产后缺乳，生花生的内衣（即红色薄皮）中含有止血成分，有滋养气血的作用。但花生含脂肪量较多，宜适量吃，不可过多。

瓜子

营养：葵花子中富含维生素E，西瓜子中富含亚油酸，南瓜子中则含有蛋白质、脂肪、碳水化合物、钙、铁、磷、胡萝卜素、维生素B_1、B_2等多种营养素，并且养分比例均衡，非常有利于人体的吸收利用。

功效：嗑瓜子不但能补充营养，还能增强消化功能，有利于孕妈妈消化和吸收。

一些营养饼干、核桃仁、花生等。总之，孕妈妈吃零食的原则就是营养、卫生、适量。

胎教密语：饮食习惯始于胎教

你可能想不到，胎宝宝出生后的饮食习惯，会深受胎教的影响。虽然目前并无严谨的实验证实这点，但从临床中的个案可发现，如胎宝宝从一出生起尚未有行为或认知能力之前，就经常表现得没有胃口、不喜欢吃东西、常吐奶、消化吸收不良，或是稍大一点儿开始进辅食时，即出现明显偏食的现象。

追溯既往，其妈妈怀孕时的饮食状况往往也是胃口不好、偏食，或是吃饭的过程紧张匆忙、常被外界干扰打断，饮食不规律。

三餐定时：再忙碌，都应把吃饭的时间还给自己。最理想的吃饭时间为早餐7时至8时，午餐13时，晚餐18时至19时；吃饭时间最好控制在30~60分钟，进食的过程要从容，心情要愉快。

三餐定量：三餐都不宜被忽略或合并，且分量要足够，每餐各占一天所需热量的1/3，或呈倒金字塔形——早餐丰富、午餐适中、晚餐量少。

三餐定点：养成定点吃饭的习惯。如果希望未来宝宝能坐在餐桌旁专心进餐，那么，你就应该把吃饭地点固定在一个气氛温馨的地点，且尽量不被外界干扰到。

营养均衡多变化：孕妈妈身体所需的营养尽量从食物中获得，而非拼命补充维生素，因为目前仍有许多营养素尚未被发现，建议多变化食物的种类，每天可吃15种以上不同的食物，营养才更充足。

天然美食当主角：孕妈妈在怀孕时也尽量多吃原始食物，如五谷、青菜、新鲜水果等，烹调的方式以保留食物原味为主，少用调味料，少吃垃圾食品，让胎宝宝还在肚子里时就习惯此类的饮食模式，加上日后的用心，相信妈妈一定能培养出一个有良好饮食习惯的胎宝宝。

小兔的胡萝卜

小兔有三根胡萝卜。嗯，香喷喷的胡萝卜，留着过冬吃。

冬天来了，下起了大雪。小兔在堆雪人呢，怎么左瞧右瞧都觉得不对劲儿啊。哈，明白了，雪人没鼻子。

小兔把一根胡萝卜送给雪人。雪人有了红鼻子，怎么看都漂亮！

小松鼠饿了，来找小兔借吃的。小兔把第二根胡萝卜送给了小松鼠。小松鼠开心地笑了，抱着小兔亲了又亲。

小兔只剩下一根胡萝卜，她每天早上都要闻闻，然后轻轻地咬一小口："嗯，胡萝卜真香！"

给胎宝宝的话

小兔把香喷喷的胡萝卜分给了雪人和小松鼠，她可真慷慨！宝宝，你将来有好吃的，会分给爸爸妈妈或小朋友吃吗？妈妈希望你也和小兔一样，做一个愿意帮助别人的、慷慨的宝宝，加油啊！

第32周

现在，你想见宝宝的心情是不是越来越迫切了？其实，你的宝宝也在为出生做着最后的准备，他在努力地成长哟！而你也会感觉更加的疲惫，身体也会出现各种不适，但为了最后胜利，请你继续努力吧！

胎宝成长笔记

进入这一周，胎宝宝的肺和胃肠功能已接近成熟，具备了呼吸能力，能分泌出消化液了。除此之外，他的生殖器发育也在逐渐地接近成熟，还长出了一头毛茸茸的胎发，指甲也已经长到了指尖。他能炫耀一项新本领了——将头从一边转向另一边。

宝贝计划：孕晚期保健8条军规

睡得好。 孕妈妈需要充分的睡眠，以每天不少于8个小时为宜。每天保证午睡1个小时则更好。充分休息可解除疲劳，对胎宝宝及母体均有益。

勤检查。 有的孕妈妈不愿意去医院检查，忽视孕期保健，以致发生胎位不正、畸形胎宝宝，至分娩时出现意外才后悔莫及。

爱卫生。 孕期汗腺及皮脂腺分泌旺盛，孕妈妈要勤洗澡、勤换衣。不宜盆浴，避免脏水进入阴道引起感染。孕期阴道白带增多，每天应用温水清洗外阴，并经常更换内裤。

防便秘。 在孕期由于子宫逐渐增大，可压迫膀胱及直肠，造成尿频、尿急及便秘等症状。孕妈妈应养成每日一次大便的习惯。如有便秘，不要乱吃泻药，以免造成早产。

好营养。 孕妈妈节食、挑食会造成营养不全，妨碍胎宝宝的正常发育；贪吃又会使营养过剩，导致母体肥胖，胎宝宝过大，引起难产。荤素搭配合理、饮食均衡是关键。

慎用药。在孕期不能滥用药物，因为很多药物均可通过胎盘屏障进入胚胎，还可能造成胎宝宝畸形。因此，必须在医生指导下用药。

适当动。孕妈妈懒得动，什么事也不干，缺乏运动会引起肥胖，对胎宝宝不利。

调情绪。孕妈妈长期情绪不佳，会影响内分泌功能，从而对胎宝宝的发育不利。

妈妈的爱：孕晚期护乳有方

保养乳房和乳头。每天用温热水擦洗乳房，特别注意乳头部位，可以在乳头部位涂一些冷霜膏或橄榄油，用拇指和食指按顺时针方向轻轻按摩乳头及乳晕部位，每天2次，每次10分钟。如出现宫缩和腹痛，应立即停止按摩。

初孕妈妈，怀孕期间应给乳头做足"锻炼"，增加乳头抵抗力，避免胎宝宝出生后用力吸吮乳头时乳头被牵扯过度，诱发急性乳腺炎。

辣妈加油：孕期"糖"妈不可怕

科学面对。妊娠期糖尿病是一种特殊的糖尿病，宝宝出生后，大多数"糖"妈妈的血糖能自动恢复正常，只要在这一阶段将孕妈妈体内的血糖控制在正常水平就可以了。

调整饮食。在控制总热量的原则下，营养全面均衡，规律进餐，少食多餐。总热量按每公斤理想体重每日38千卡计算。碳水化合物以粮食及豆类为主，注意粗细粮搭配。水果不宜餐后立即食用，应于餐后3小时左右食用，每日食用量以200克为宜，并计算到总热量中。水果中

的草莓、猕猴桃等可首选，香蕉、荔枝、西瓜和葡萄等含热量较高，不宜多吃。食糖、蜂蜜、巧克力、甜点等双糖、单糖食物应避免。蛋白质、脂肪、矿物质、维生素等也应适量摄入。

小贴士

别太忌讳胰岛素

如果经过饮食调整，血糖还无法恢复正常水平，医生会使用胰岛素控制血糖，胰岛素对胎宝宝和母体的健康都没有危害，是安全的。

警惕各种潜藏腹痛危情

孕晚期时，随着胎宝宝不断长大，孕妈妈的腹部，以及全身负担也逐渐增加，再加之接近临产，出现腹痛的次数会比孕中期明显增加。其中生理性腹痛较为安全，一般不必担心。但要特别警惕病理性腹痛，如胎盘早剥或子宫先兆破裂引起的腹痛。

胎盘早剥：多发生在孕晚期，孕妈妈可能有妊娠高血压综合征、慢性高血压病、腹部外伤。下腹部撕裂样疼痛，多伴有阴道流血。严重者腹痛难忍、腹部变硬、胎动消失甚至休克等。

子宫先兆破裂：子宫破裂是指在妊娠晚期或分娩过程中，子宫体部或子宫下段发生的破裂，是直接威胁孕妈妈及胎宝宝生命的产科并

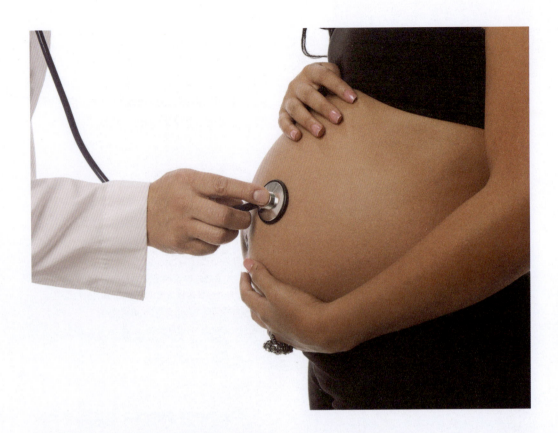

发症。子宫破裂常发生于瞬间，之前孕妈妈感觉下腹持续剧痛，极度不安，面色潮红，呼吸急促，此时为先兆子宫破裂；子宫破裂瞬间撕裂样剧痛，破裂后子宫收缩停止，疼痛可缓解，随着血液、羊水、胎宝宝进入腹腔，腹痛又呈持续性加重，孕妈妈呼吸急促、面色苍白、脉搏细微，血压下降陷于休克状态。

孕期营养：巧补膳食纤维促消化

进入怀孕晚期，越来越大的腹部是不是常常使你胃部胀满、心慌气喘？

如果你有这样的烦恼，那么，就要注意一次进食不能太多，要把吃零食也算作饮食的一部分。但随着腹部的膨大，孕妈妈消化功能继续减退，你更容易出现便秘，这时可能你就需要多了解膳食纤维的好处。

◎ 每天保证25克膳食纤维

膳食纤维具有不可忽视的大作用。首先，它可刺激排便；其次，还有利于孕期糖尿病的防治。虽然过多的纤维素易和肠道中的铁、锌、铜、钙等结合，会阻碍这些元素的吸收，但它的好处是显而易见的。孕妈妈应该扬长避短，每天坚持吃定量的膳食纤维（中国营养学会推荐每日膳食纤维摄入量为25~35克），以保持身体健康。

◎ 果蔬的皮膳食纤维多

研究证实, 许多食物的皮要比肉质所含的营养和膳食纤维多, 如苹果、梨、黄瓜、茄子、萝卜等水果蔬菜, 红小豆、绿豆、蚕豆等杂粮。因此, 一切能带皮吃的食物都应当尽可能地带皮吃。且食物的皮多呈碱性, 带皮吃才能实现摄入的酸碱平衡。

胎教密语: 美好想象传递爱

想象胎教是意念胎教中的一种。每个人都有种意念力, 可以运用意念力活络通经, 加强血液循环。孕妈妈同样可以运用这种意念力, 带着孕妈妈美好的信息, 传输给胎宝宝, 在胎宝宝身上发生作用, 让胎宝宝感受到暖流。

靠想象来设计未来胎宝宝的样子, 在整个孕期都可以做:

给未来胎宝宝设计个形象。从受孕开始, 夫妇双方就可以共同讨论, 为将要出生的胎宝宝设计一个自己喜欢的胎宝宝形象: 取各人相貌中最理想而具有特点的部位, 如宽额、剑眉、大眼睛、高鼻梁、轮廓分明的嘴唇等加以组合, 想象成您未来小宝宝可爱的形象。

可爱胎宝宝图片随时看。经常看一些漂亮的胎宝宝图片, 不仅可以调节孕妈妈的情绪, 对胎宝宝也有好处。因此, 怀孕期间孕妈妈可以从画报、挂历、图片中找出一张自己最喜欢的婴幼儿画像, 挂在卧室里, 经常看看。

让构思的胎宝宝形象成信念。保持"就是这样一个胎宝宝"的信念, 在整个怀孕保健期默默地以此形象对胎宝宝进行呼唤, 久而久之, 这种信念从希望潜移默化被腹中胎宝宝所接受, 成为胎教的内容。所以, 有不少孕妈妈在胎宝宝出生后, 往往会对自己的新生儿毫无陌生感: "宝宝就是我想象的样子!"

小贴士

想象内容要随时变化

怀孕期间, 孕妈妈可以想象胎宝宝正在羊水中安静地睡眠, 一副惹人喜爱的样子。当察觉到胎动时, 就可以想象胎宝宝欢快地从睡眠中醒来, 动手动脚打哈欠、伸懒腰等活泼可爱的样子。经常想象美好的事物或与邻居和自家的小朋友一起嬉戏时的幸福时刻, 通过想象使自己常处于一种愉快的心境中, 想象延伸能让胎宝宝感受到暖流。

会飞的花

    太阳暖暖地照着，风儿暖暖地吹着，春天来了。

    一只蝴蝶飞来了，飞进百花园里，她要寻找好朋友。

    她这里飞飞，向小菊花问好："小菊花，小菊花，做我的好朋友吧！"小菊花点点头。

她那里飞飞，向红玫瑰问好："红玫瑰，红玫瑰，做我的好朋友吧！"红玫瑰点点头。

蝴蝶飞遍了百花园，蝴蝶变得更美了。

蝴蝶爱上了所有的花。蝴蝶说："我愿做一朵会飞的花，天天和你们在一起。"

169

第33周

产期临近，可能你的不规则宫缩次数开始逐渐增多了，身体的不适和内心的不安也都有所加重，你可能开始感到紧张，情绪有了波动。一定要适时调整并坚持住，你很快就要和胎宝宝见面啦！

胎宝成长笔记

这一周，胎宝宝的呼吸系统和消化系统发育已经接近成熟。虽然他现在头骨还很软，每块头骨之间有空隙，但是胎宝宝身体其他部位的骨骼已经变得很结实，皮肤也不再又红又皱了，已经变得越来越漂亮了哟！

宝贝计划：了解你的骨盆

胎宝宝从母体娩出时，必须通过骨盆。除了由子宫、子宫颈、阴道和外阴构成的软产道外，骨盆是产道的最重要的组成部分。分娩的快慢和顺利与否，都和骨盆的大小与形态是否异常有密切的关系，狭小或畸形骨盆均可引起难产。为了弄清骨盆的大小和形态，了解胎宝宝和骨盆之间的比例，产前检查时要测量骨盆。

◎ 骨盆测量的指标

骨盆的大小与形态，因各人的身体发育情况、营养状况、遗传因素及种族差异而不同。骨盆形态正常，但各条径线均小于正常径线最低值2厘米以上，可发生难产。若骨盆形态轻微异常，但各径线均大于正常低值径线，则可能经阴道顺利分娩。坐骨结节间径正常值为8.5~10厘米，耻骨弓角度大于或等于90度。

◎ 不可不知的秘密：骨盆准确测量

一般在孕34周左右测量骨盆，孕37周根据胎宝宝大小、胎位和产力选择正常的分娩方式。

妈妈的爱：活力回来，疲劳走开

孕妈妈的身体承受着额外的负担，会变得特别容易疲倦，再加上各种孕期不适、胎宝宝的胎动和情绪变化，都可能会使你更难在晚上睡好觉，因此，你会经常感到头晕乏力。

充分发挥自己的想象力。 孕妈妈可以经常做一些想象，如想象自己去了公园、海边、小溪、高山、草原等。想象力集中在这些景色上，可以使自己保持精神饱满、心旷神怡。

多找人聊天儿。 和人轻松地聊天儿是排除烦恼的好办法。经常和人聊天儿，可以释放孕妈妈心中的忧虑，非常有利于身心健康。

轻松按摩法。 按摩之前，先闭目养神一会儿，然后可以用手指尖按摩自己的前额、双太阳穴还有后脖颈等地方，每处16次。经常保持下去，可以起到健脑养颜的功效。

多听胎教音乐。 经常听一些优美抒情的音乐，可调节自己的情绪，同时也是对胎宝宝进行胎教的好方法。

注意发展自己的兴趣。 比如，你可以尝试自己动手，给即将出生的胎宝宝做一些小衣服，还可以学习插花等，自寻乐趣。

多出去散步。 可以去小区花园里、公园里，清静、安全、充满鸟语花香的地方多散散步，可以使自己精神愉悦放松，从而减轻疲劳。

辣妈加油：告别孕期腹胀烦恼

少食多餐缓解胀气。 孕妈妈不妨从每日3餐的习惯，改至每日吃6~8餐，以减少每餐的分量。另外，烹调时添加一些大蒜和姜片，也可以减少腹胀气体的产生。

细嚼慢咽减少气体入肚。 进食时不要说话，避免用吸管吸吮饮料，不要常常含着酸梅等，都可避免让不必要的过多气体进入腹部。

远离易产气的食物。 如豆类、蛋类及其制品、油炸食物、马铃薯等，太甜或太酸的食物、辛辣刺激的食物等。

运动帮助排气。 为了减轻孕期腹胀，孕妈妈应适当增加每天的活动量，建议孕妈妈可于饭后30分钟至1小时，到外面散步20~30分钟，可帮助排便和排气。

按摩舒缓腹胀。 温热手掌后，采取顺时针方向从右上腹部开始，接着以左上、左下、右下的顺序循环按摩10~20圈，每天可进行2~3次。

放松心情排压排气。 保持良好的轻松心态，有助于孕妈妈排便的顺畅。

孕晚期给灼热胃部"降降火"

随着孕妈妈身体内分泌不断发生变化，胃酸返流，刺激食管下段的痛觉感受器，容易在孕晚期引起胃灼热。

为了缓解和预防胃灼热，你在日常饮食中应避免过饱，少食用高脂肪食物等，不要吃口味重或油煎的食品，这些都会加重胃的负担。临睡前喝一杯热牛奶，也有很好的效果。睡觉时还可多用几个枕头。未经医生同意不要服用治疗消化不良的药物。

孕期营养：远离让宝宝变傻的食物

怀孕7~9个月，是胎宝宝脑细胞迅速增殖的关键时期，其间支持细胞和神经系统细胞的

增殖，及树突分支的增加，使已经建立起来的脑神经细胞，发展成神经细胞与细胞之间的突触接合，以传导脑神经细胞的兴奋冲动。

对于人的智力来讲，脑神经细胞树突的增加远比细胞数目的增加要重要得多。孕妈妈需要有意识地增加补脑食品。例如，核桃、花生、芝麻、杏仁、大豆、鱼类等都是很好的补脑食品。

过咸食物。如咸菜、榨菜、咸肉、豆瓣酱等。以免影响脑组织的血液供应，导致记忆力下降、智力迟钝。

含味精多的食物。孕妈妈如果在妊娠后期经常吃味精，会引起胎宝宝缺锌。

含过氧化脂质的食物。如腊肉、熏鱼等煎炸或长时间曝晒的食物。因为过氧化脂质会导致大脑早衰或痴呆，直接有损于大脑的发育。

含铅食物。如爆米花、松花蛋、啤酒等。医学研究表明，铅会杀死脑细胞，损伤大脑。

含铝食物。如油条、油饼等。常吃含铝量高的食物，会造成记忆力下降、反应迟钝，甚至导致痴呆。

胎教密语：与胎宝宝说话4技巧

如今很多孕妈妈都已经把胎教当作是孕期一项必不可少的任务，但孕妈妈却常常忽略了孕期应该具有的愉快的情绪。孕妈妈要懂得胎教，了解胎教，胎教不是要教给胎宝宝什么知识，而应该形成一种妈妈与宝宝愉快的互动。所以，与肚中宝宝互动说话，掌握以下4个技巧很重要。

营养加油站
补脑鱼头汤

原料：胖头鱼头1个(约600克)、豆腐200克、枸杞20克，盐、料酒、姜丝、葱段、清汤（或水）各适量。

做法：

1. 将胖头鱼头去鳞和鳃，洗净，剁成两半或小块，豆腐切成块，枸杞用水泡透。

2. 锅中热油爆葱段，再放入胖头鱼头炒几分钟，加入料酒去腥，然后加入清汤（以没过鱼头为准）用小火煎烧，加入姜丝，用大火熬煮。

3. 熬煮至汤呈乳白色时，加入豆腐、枸杞和盐，继续煮5分钟即可食用。

功效：鱼头和豆腐都是高蛋白、低脂肪和高维生素的食品，二者均含有丰富的健脑物质，特别是胖头鱼的头部脑髓含量高，可健脑益智，增强记忆力，对胎宝宝大脑发育有益。

◎ 让胎宝宝融入故事里

选一则你认为读来非常有意思、能够感到身心愉悦的儿童故事、童谣、童诗，将作品中的人、事、物，详细、清楚地描述出来，例如，太阳的颜色、家的形状、主人公穿的衣服，等等，让胎宝宝融入到故事描绘的世界中。

故事要避免过于暴力的主题和太过激情、悲伤的内容，选定故事内容之后，设定每天的"说故事时间"，最好是准爸爸与孕妈妈每天各念一次给胎宝宝听，借说故事的机会与胎宝宝沟通、互动。

◎ 吐字清晰、语速缓慢

传递给胎宝宝的声音通过羊水后往往有些模糊不清，因此在对胎宝宝说话时，音量要适当大一些，吐字要清晰一些，停顿要长一些，语速要慢一些。

◎ 每天坚持不懈怠

孕妈妈对胎宝宝说话，持之以恒很重要。三天打鱼两天晒网可不行！要坚持，哪怕每天只有15分钟，但要尽量坚持每天至少进行一次。

◎ 用愉悦心情传递快乐

如果孕妈妈总有"真烦呀"等抵触情绪，无形中就会成为一种压力，而这种压力胎宝宝在腹中也是会有感觉的哟。因此，孕妈妈首先自己一定要保持轻松愉快的心情，如果能把它作为一种享受，就再好不过了。

小贴士

给胎宝宝读写简单拼音

孕妈妈可以教胎宝宝一些简单的拼音和汉字了。通过写字或绘画来有意识地将脑海中具体的印象传递给胎宝宝。如"a"就是阿姨的"阿"，"ba"就是爸爸的"ba"，试着用胎宝宝周围的人或物来举例说给胎宝宝听。还可以用"山""川"这种字形和字义相近的简单汉字，写给胎宝宝，他都会有感觉的哟。

最美的月亮

晚上，小熊在树林里找萤火虫，找来找去找不到。他问小猴："你看到萤火虫了吗？"

小猴很纳闷儿，问："你找萤火虫干吗？"

小熊指了指天空，说："月亮躲进云彩里，星星也偷懒不出来！"原来，小熊怕黑呢！

小熊翻翻树叶，又拨拨草丛，可连萤火虫的影子也没找到。

小熊正纳闷儿，突然眼前一亮，他抬头一看，大叫："快看那儿！"

小猴也抬头一看，发现树梢上挂着个大月亮。奇怪，月亮怎么挂在树梢上？

再仔细一看，原来那不是月亮，而是一群萤火虫，你抱着我，我抱着你，为大伙儿照亮呢。

小熊高兴地对萤火虫说："你们是最美的月亮！"

给胎宝宝的话

萤火虫虽然小，但是很多萤火虫抱在一起，就能发出月亮般美丽的光，为树林里怕黑的小动物们照亮呢！宝宝你看，我们家的灯虽小，但是屋子里有很多盏灯，就能把黑暗的屋子照得亮亮的，我们一点儿都不害怕！世界上正是因为有了一点儿一点儿的亮，才到处充满了光明啊！

第34周

进入34周，你终于可以放下心来了，因为你腹中宝宝即使出现了早产，在这个阶段出生的胎宝宝99%也都能够在子宫外成活。所以，放慢节奏，保持信心，为分娩的那一天早做准备。

胎宝成长笔记

这些日子，胎宝宝已经可以用耳聪目明来形容了，他听得见、看得着，你给任何的刺激，他立刻都会做出反应。但这一周胎宝宝也遭遇了一件对他来说非常惊奇的事情，他的身体倒转过来，小脑袋快要进入到妈妈的骨盆里了！

宝贝计划：助产"孕"动保健康

◎ 盘腿坐式好"孕"动

动作要领：平坐在地板的毯子上，双腿平行交叉，一前一后，并要注意两膝分开。每天做1次，从5分钟逐渐增加到30分钟。

作用：可以加强腹部肌肉的力量，增加骨盆关节韧带的弹性，预防怀孕晚期因子宫增大压迫而引起的腿部肌肉抽筋。

◎ 产道肌肉收缩好"孕"动

动作要领：收缩腹壁，慢慢下压膀胱，犹如排便动作；然后尽量收缩肌肉，犹如憋便动作，收缩尿道和肛门周围的肌肉。每天做2回，每回做3次。

作用：可以加强会阴的肌肉伸展及收缩的能力，分娩时减少裂伤，并避免大小便失禁。

◎ 腰部好"孕"动

动作要领：双手扶住椅背，慢慢地吸气，手臂用力将身体的重量集中在椅背上；脚尖立起，抬高身体，挺直腰部，然后慢慢地呼气，放松手臂，脚站立恢复原来的样子。每天早晚各做6次。

作用：可以减轻分娩时的腰痛感，还能增加腹部肌肉的弹性，有助于胎宝宝顺利娩出。

◎ 胸膝卧式好"孕"动

动作要领：身体俯卧在床垫上，把头转向

一边，双手屈起平贴在胸部两旁床垫上；双膝稍分开，与肩同宽，肩部和胸部尽量贴于床垫上，弯曲双膝，臀部高抬，形成臀高头低位，大腿与小腿呈90度直角。早晚各做1次，每次5~10分钟。

作用：可以使胎头顶到母体横膈处，借重心的改变促使胎宝宝由臀位或横位转变为头位。

妈妈的爱：动一动，胎宝宝早入盆

散步：可以帮助胎宝宝下降入盆，松弛骨盆韧带，为分娩做准备。散步时妈妈最好边走动，边按摩，边和胎宝宝交谈。散步可分早晚2次，每次30分钟左右，也可早中晚3次，每次20分钟。

爬楼梯：可以锻炼大腿和臀部的肌肉群，并帮助胎宝宝入盆。午后可找个小山包走走。假如觉得累要及时休息。下楼梯时要留心脚下，注重安全。

辣妈加油：孕妈妈止痛有妙招

上肢疼痛：当感觉手指上有针扎般的疼痛时，可放松腕部，甩甩手，交替伸屈手指，轻轻按摩手指5分钟。或睡觉时在手腕下垫一个枕头，避免过久侧卧压迫肩膀、上肢。

胸肋痛：孕妈妈最好穿平跟鞋，避免加剧重心前移。注意饮食适量，防止胎宝宝过大。将双臂向头上伸展可以缓解肋骨疼痛。平时服用一些钙剂。多晒太阳、多喝牛奶、多吃含钙高的食物。

腰痛：适当注意休息，避免长时间站立或步行。孕妈妈最好穿平跟或坡跟鞋，这样走路会比较舒服。

耻骨联合疼痛：要重视孕期检查，定期了解耻骨分离的具体情况。加强体育锻炼，经常进行适宜的伸展大腿运动，增强肌肉与韧带的张力和耐受力。睡觉时最好在大腿处垫上一个枕头。严重的耻骨联合分离需局部腹带包扎，卧床休息。

外阴部疼痛：孕妈妈应该避免在孕晚期长时间站立，采取左侧卧位，减轻对下腔静脉、盆底静脉的压迫，改善血液回流；不要穿过紧的裤子和鞋袜；不要用过热的水洗澡。如果症状比较严重，可以进行局部冷敷。

按一按，赶走孕晚期不适

头部按摩：双手用按摩油润透，然后在额头及头顶滴上充足的按摩油；左右手的中指及无名指放在额头上，分别自额心向左右两边做小按摩，到两边太阳穴时轻轻地压一下，来回共做3次；双手轻微张开，轻轻撩起头发，利用左右手的指肚分别对头顶两侧头皮进行有节奏的按摩，再按摩脑后的部位。

耳部按摩：双手涂满按摩油后，用双手的中指分别夹紧左右耳洞部位，之后用食指和中指夹住上下运动。

脚部按摩：用按摩油涂抹脚部后，先用两个手指夹住脚趾，由脚趾根向脚尖位置移动按摩；之后，四指并拢，在脚底，由脚后跟向脚尖位置按摩。需要特别注意脚底有促进子宫收缩的穴位，动作要轻缓，力度适当即可。

乳房按摩：手掌涂满按摩油后伸平，轻托同侧乳房下缘，开始轻轻向上按压，再由乳沟处轻轻向一侧按压，两侧交替进行。动作要轻

柔，一旦发现由于刺激乳头而引发宫缩，应该立即停止。

孕期营养：巧选食物补水分

胎宝宝现在容易乱动，尤其喜欢活动手臂和腿脚。也许他的生物钟和你不一样，这对你来说意味着许多夜晚将在不眠中度过。胎宝宝在子宫里占的地方越来越大，压迫你的膀胱，你可能一两个小时就想上一次厕所。

不要试图通过白天少喝水来防止晚上起夜，因为你还需要大量的水。这段时间胎宝宝增长的体重大约是出生时体重的30%。海鲜口感清爽，你可以多吃些哟!

◎ 孕妈妈补水慎喝果汁饮料

有些孕妈妈特别爱喝果汁，认为多喝果汁可增加营养，不会发胖，生出的胎宝宝皮肤会细腻白嫩，甚至以果汁代替水了。这其实是不正确的。鲜榨果汁中大约95%以上是水分，此外还含有果糖、葡萄糖、蔗糖和维生素。这些糖类很容易消化吸收，不但会促使体重迅速增加，还不利于身体健康。

所以孕妈妈每天饮用果汁量不超过300~500毫升。而果汁饮料含有防腐剂、色素和香精，这些成分对人体有害无益，所以，孕妈妈应慎重选择，尽量不喝或少喝这些饮料。

胎教密语：妈妈微笑是最好胎教

微笑也是一种胎教方法，我们都喜欢看见微笑的脸。孕妈妈愉悦的情绪可促使大脑皮层

营养加油站
冬瓜排骨汤

原料： 猪小排400克、冬瓜400克、生姜1小块。

做法：

1. 冬瓜切片备用，生姜切大片放入锅中，水煮开。

2. 小排骨放入滚水中去血腥。

3. 重新换新水，放入生姜片、小排，用大火煮15分钟左右。加入冬瓜片，改用小火焖煮。最后快出锅之前，可以根据口味加入调味料。

功效： 冬瓜可以利尿，孕妈妈吃了可以减轻水肿，而猪排骨除含蛋白、脂肪、维生素外，还含有大量磷酸钙、骨胶原、骨黏蛋白等，有助孕妈妈补充营养。

要尽量使腰背舒展，全身放松，微闭双目，手可以放在身体两侧，只要没有不适感，也可以放在腹部。衣服尽可能穿宽松点儿。

第2步：用鼻子慢慢地吸气，以5秒钟为标准，在心里一边数1、2、3、4、5……一边吸气。肺活量大的人可以以6秒钟为标准，感到困难时可以缩短至4秒钟。

第3步：吸气，要让自己感到气体被储存在腹中，然后慢慢地将气呼出来，以嘴或鼻子都可以。总之，要缓慢、平静地呼出来。呼气的时间是吸气时间的两倍。也就是说，如果吸时是5秒钟的话，呼时就是10秒钟。

第4步：反复呼吸1~3分钟，你就会感到心情平静，头脑清醒。实施呼吸法的时候，尽量不去想其他事情，要把注意力集中在吸气和呼气上。一旦习惯了，注意力就会自然集中了。

兴奋，使孕妈妈的血压、脉搏、呼吸、消化液的分泌均处于相互平稳、相互协调状态，不仅有利于孕妈妈身心健康，改善胎盘供血量，还能促进腹中胎宝宝健康发育。因此，微笑也是你能给予胎宝宝的一种胎教。

◎ 学会呼吸创造美好情绪

正确呼吸，在胎教训练开始之前进行，对集中注意力创造美好情绪行之有效。胎教前进行一次这样的呼吸法，这样，孕妈妈怀孕期间动辄焦躁的精神状态可以得到改善，能进一步提高胎教效果。

第1步：先准备，进行呼吸法时，场所可以任意选择，床上、沙发上、地板上都可以。这时

小贴士

每天给自己一个微笑

每天清晨，可以对着镜子，给自己一个微笑。瞬间，你的一脸惺忪就会转为光滑润泽，沉睡的细胞苏醒了，让人充满朝气与活力。准爸爸与孕妈妈常常微笑，让美好的情绪相互传递，胎宝宝接受了这种良好情绪的影响，会在生理、心理各方面更好更健康地发育。

嘟嘟熊的风车

嘟嘟熊举着风车在树林里玩。

他看见槐树开花了，一串一串垂下来。

花开的时候，蜜蜂就飞来采蜜了。嘟嘟熊的风车转得更快了，嘎啦嘎啦转着，真好听！

　　蜜蜂采蜜的时候，蝴蝶就飞来了。今天蝴蝶的花衣裳真鲜艳。嘟嘟熊的风车转得更快了，嘎啦嘎啦转着，真好听！

　　蝴蝶飞舞的时候，小鸟就飞来了。今天小鸟唱的新歌真好听。嘟嘟熊的风车转得更快了，嘎啦嘎啦转着，真好听！

　　妈妈叫嘟嘟熊回家吃饭了，嘟嘟熊舍不得这些朋友，朋友们也舍不得嘟嘟熊。嘟嘟熊把他的风车插在树干上，他虽然回家了，他的风车还在嘎啦嘎啦转着，真好听！

第35周

再有不足50天就要到预产期了，你可能会有些忐忑不安，甚至情绪紧张。此时，不妨和丈夫、朋友或自己的妈妈多聊一聊，说说自己的心里话，听听过来人的经验，也许可以稍稍缓解一下自己内心的压力。

胎宝成长笔记

胎宝宝的两个肾脏已经发育完全，肝脏也具备了代谢功能；他幼嫩的指甲继续生长，有的可能会超过指尖；头部下降到骨盆里，因为那里空间较小，胎宝宝显得老实多了；尽管中枢神经系统尚未完全发育成熟，但是他的肺部发育已基本完成，如果这时小家伙"提前报到"，存活的可能性为99%。

宝贝计划：脐带监护不容忽视

◎ 脐带过长、过短

脐带过长、过短，临床上不能被提早发现。脐带过长，易导致脐带缠绕、脐带真结或脐带晚垂等。脐带过短，则在分娩过程中影响胎头下降，并且胎头下降时脐带被收紧，循环受阻，可引起胎心异常，甚至发生胎盘早剥，以上情况可以通过胎心监护大致判断一下，如胎心有频繁的加减速，说明可能有脐带受压的可能。

◎ 脐带绕颈

在目前的产前检查技术中，彩超能够直观显示脐带血流的走行方向和缠绕的周数，对脐带绕颈提供较准确的诊断依据。

应急预案：胎宝宝有脐绕颈现象的比例不少，但是大部分都能顺利自然生产，而且在待产过程中会利用胎宝宝监控器，注意胎宝宝是否出现异常的状况，若有就要及早处理或是剖腹生产。

◎ 脐带打结

脐带打结有假结及真结两种。假结临床上一般无症状，很少因血管破裂而出血，一般不影响胎宝宝。真结较罕见，松弛时毫无症状。

应急预案：孕晚期加强胎儿监护，尤其临床后，如胎心突然减速，要立即娩出胎宝宝。

小贴士

胎位不正，小心脐带脱垂

有一种脐带异常的情况是十分危急的，那就是脐带脱垂。众所周知，正常的胎位是胎宝宝头朝下，当胎位不正，脐带就容易从空隙处滑落到胎宝宝先露部分的下面，出现脐带脱垂。这时一旦胎膜早破，脐带就会首先滑落，如果出现宫缩，脐带受到强烈的压迫使胎宝宝的血液供应急剧减少甚至中断，可能导致胎宝宝在短时间内出现严重窒息甚至死亡。脐带脱垂是一种产科急症，需紧急安排剖宫产。

妈妈的爱：不让羊水伤害胎宝宝

在整个怀孕过程中，羊水是维持胎宝宝生命不可缺少的重要成分。它有保护胎宝宝免受外部力量冲击的作用，同时也能够参与胎宝宝的新陈代谢，还有保护母体的作用，减少由于胎动导致的不适感。

羊水过多：一旦诊断为羊水过多症，则必须对母体和胎宝宝做广泛性的检查，以确定具体的病因。胎儿消化道畸形或孕妇血糖高，也可能有一些小的畸形，超声不能发现，要等到胎宝宝出生后才能知道。

羊水过少：假如孕中期羊水过少并有胎宝宝生长迟滞，须考虑胎儿发育异常；孕晚期羊水少，应考虑胎盘功能问题，提前生产。

羊水栓塞：凡存在前置胎盘、胎盘早期剥离、妊娠高血压综合征、子宫破裂等异常情况时，要特别警惕羊水栓塞的发生。羊水栓塞发病迅猛，多数病例在发病时常首先出现寒战、烦躁不安、咳嗽、气急、发绀、呕吐等症状。如羊水侵入量极少，则症状较轻，有时可自行恢复。而羊水混浊或侵入量较多时则会相继出现典型的临床表现，如呼吸困难、发绀、黏膜、皮肤、针眼出血及血尿等。剖宫产比阴道分娩更容易发生。

胎膜早破：只要发生破水，不管孕妈妈是否到预产期，有没有子宫收缩，都必须立即赶往医院就诊。

辣妈加油：不做"斑"妈妈

内在调养。让自己保持愉悦的心情，调整好自己的心理，自己跟胎宝宝才可以健康。

皮肤时刻最佳状态。皮肤需要长久的日常护理，在怀孕的时候也要让自己的皮肤处于非常好的状态，不要指望用什么护肤品可以很快地改善。

要防晒也要阳光。怀孕期间，皮肤特别敏感。但是怀孕的时候也是需要阳光的，一定要注意外出的时候要戴遮阳帽和大墨镜，不要让你的皮肤暴晒在阳光下。

小贴士

皮肤恢复不能急躁

调节人体的激素平衡是防斑治斑的关键。注意皮肤的清洁，脸上出现色斑后也不要着急，要持之以恒，保持好睡眠和好心情。

孕妈妈产前焦虑的心理秘密

缺乏经验。孕妈妈大多是初产妈，缺乏生产的直接体验，常会担心自己怀孕、生产能否顺利，生产时的疼痛会不会难以忍受等问题。

担心胎宝宝。虽然在医院里做过多次检查，但仍然担心胎宝宝会不会出现先天畸形等情况。生怕自身的健康问题会殃及到胎宝宝，从而焦虑不安。

缺乏外联。孕晚期孕妈妈行动不便，常整日闭门在家，缺乏正常的休闲娱乐活动，就会将注意力集中到种种消极因素上，加重焦虑。

担忧未来。现今社会竞争激烈，很多孕妈妈都担心胎宝宝出生后，自己的事业会受到影响，进而会增加家庭的经济压力。

孕期营养：为胎宝宝体重努力

营养学家指出，妊娠晚期是胎宝宝生长最快的阶段，胎宝宝出生后大约70%的体重都来源于这一阶段的营养。他们身体的2/3的蛋白质、几乎所有的脂肪、4/5的铁、2/3的钙和磷都在这一时期获取。因此，这一阶段为满足胎宝宝成长的需要，孕妈妈要特别增加蛋白质、脂肪、钙、铁、磷的摄入，减少一些谷类的摄入量。但要注意热量不要增加过多，以免发胖。

◎ 孕妈妈的正常热量需求

根据中国营养学会的标准，孕妈妈的热量摄入每日为2100千卡，在怀孕中、晚期每天增加200千卡。而这200千卡的热量基本上也就相当于大半碗米饭，一个中等大小的鸡蛋加200克牛奶，一片面包加一杯130克酸奶。因此，孕妈妈营养需求其实并不像我们想象的那么多，所以没必要大吃大喝，尤其是油炸、含糖分高的高热量食品，孕妈妈最好还是少吃。

营养加油站
板栗烧鸭

原料：新鲜鸭1只、新鲜板栗、盐、料酒、酱油、胡椒粉少量，葱、姜、蒜、食用油各适量。

做法：

1. 鸭子剁成块。

2. 锅上火，放油七成热，放葱姜炒出香味，放鸭块、料酒、酱油、清水和盐，烧开后放板栗，鸭熟时放蒜段、胡椒粉少量即可。

功效：板栗中含有丰富的蛋白质、糖类，维生素C、B族维生素、胡萝卜素以及叶酸的含量也很高，鸭肉里还含有丰富的蛋白质和氨基酸。这些营养素都能促进胎宝宝的生长发育，是孕妈妈怀孕晚期营养进补的一剂良方。

◎ 对钙的需求越来越多

孕妈妈怀孕全过程都需要补充钙，但孕晚期对钙的需求量会显著增加。中国营养学会建议，孕妈妈在孕晚期的钙摄取量应以每日1200~1500毫克为宜，为怀孕前女性钙摄取量的2.5倍。

胎教密语：胎宝宝更爱动

对胎宝宝进行适当的运动训练，可以激发胎宝宝运动的积极性，促进胎宝宝身心发育。凡是在宫内受过"体育"运动训练的胎宝宝，出生后翻身、坐立、爬行、走路及跳跃等动作的发育都明显早于一般宝宝。他们身体健壮，手脚灵敏，智、体全面发展。因此，"体育"胎教也是一种积极有效的胎教方式。

"踢肚游戏"一起玩。当胎宝宝踢肚子时，孕妈妈轻轻拍打被踢的部位，然后等待第二次踢肚。一般在一两分钟后，胎宝宝会再踢，这时候再轻拍几下，接着停下来。如果你拍的地方改变了，胎宝宝会向你改变的地方再踢，此时要注意改拍的位置离原胎动的位置不要过远。这种游戏可每天进行两次，每次数分钟。

轻轻触摸胎宝宝。孕妈妈准备完毕后，伴着轻松的音乐，按从上到下、从左到右的顺序，轻轻反复在腹部做抚摩动作。一开始，先用中指和食指轻轻并反复触压胎宝宝，然后双手稍握拳，轻轻叩击腹部。胎宝宝会立即有轻微胎动表示反应，不过有时则要过一阵子，甚至好几天才有反应。经过一段时间抚摩，孕妈妈只要一触摸，胎宝宝就会一顶一蹬地主动迎上来。

手法轻柔，循序渐进。对胎宝宝进行体育胎教，不可操之过急，需要慢慢进行，一点点儿循序渐进，否则将适得其反。

胎宝宝最佳运动时间。对胎宝宝的运动训练比较理想的时间是在傍晚胎动频繁时，也可以在夜晚10点左右。

留意观察胎宝宝的反应。体育胎教一般应以每天2~3次，每次5分钟左右为宜。且体育胎教过程中触摸胎宝宝时，一定要动作轻柔，不可用力。触摸过程中要注意胎宝宝的反应，如果胎宝宝轻轻地蠕动，表明还可以继续进行；如果遇到胎宝宝"拳打脚踢"，可能是胎宝宝不舒服了，就应该马上停下来，以免发生意外。

云朵摇篮车

天上有块彩色的云朵，她在天上飘呀飘，没有谁和她玩，也没有谁和她说话。

一只小红鸟飞来，说："我飞不动了，能在你身上歇会儿吗?"云朵说："好呀!"小红鸟站在云朵身上，一边歇着，一边和云朵说话，还为她唱歌。

一只小绿鸟飞来，说："我累了，能在你身上歇会儿吗?"云朵说："好呀!"小绿鸟站在云朵身上，一边歇着，一边和云朵说话，还为她唱歌。

云朵想：这样真好。我就变成小鸟的摇篮车吧!云朵就变成了一辆漂亮的摇篮车。

小鸟们都知道，天上有辆云朵变的摇篮车。哪只小鸟飞累了，就坐进云朵摇篮车里休息，和她说会儿话，为她唱支歌。

给胎宝宝的话

天上的彩云，成了小鸟们的摇篮车，小鸟喜欢和彩云说话，为彩云唱歌；妈妈就像宝宝的摇篮车，宝宝在妈妈怀里，和妈妈说话，为妈妈唱歌。宝宝，你现在能听到妈妈和你说的话，为你唱的歌吗？

第36周

现在，你一定很不好受，胎宝宝挤着你的五脏六腑，使得你的手脚、腿都出现了水肿，你一定要挺过这一关。为了让胎宝宝和你更好地配合，要多跟他说话，让彼此了解，关键时刻你们就可以劲儿往一处使了。

胎宝成长笔记

过完这个周末，胎宝宝就已经是一个足月的婴儿了。无论是从呼吸、消化，还是从大脑、骨骼、四肢、五官……任何一点上来看，他都是一个完完整整的婴儿！这时，每当他在孕妈妈腹中活动时，他的手肘、小脚丫和头部可能会清楚地在孕妈妈的腹部凸显出来。

宝贝计划: 特殊体型孕妈防难产

◎ 肥胖孕妈妈

指体重指数大于等于30的显著肥胖孕妈妈，而不是一般的偏胖或稍胖者。体重指数等于体重千克数除以身高米数的平方。

经诊断后如属于症候性肥胖，即肥胖属于某些疾病所引起，应在医生指导下使用某些药物治疗。单纯性肥胖应采取低热量饮食为主，每日热量限定在1200~1500千卡为宜。但在妊娠第28~32周，孕妈妈血浆蛋白最低，不可限制蛋白质，一日不得少于40~60克，同时应适当限制脂肪和糖。

在饮食品种上，应多吃蔬菜、水果和一些粗粮，少吃动物脂肪，食盐应限制在每日6克，主食减半，并停止吃零食，注意补充各种维生素和铁质。为确保安全分娩，建议肥胖孕妈妈住院分娩。

◎ 瘦弱孕妈妈

指体重指数小于18.5，明显瘦小的孕妈妈，不是比较瘦小的孕妈妈。

加强营养和坚持锻炼。怀孕后要比一般孕

妈妈更重视营养的补充，尤其是饭菜可口增大食量。体质过于瘦弱者，应请医生指导，辅以一些营养药物和适当的补品。产前检查要按期进行，发现异常应及时处理。

◎ 矮小孕妈妈

指身高不足150厘米、身材明显矮小的孕妈妈。

增加营养不要过多，以免胎宝宝长得过大，增加难产的可能性。坚持适宜的锻炼，以增强腹肌和其他与分娩有关的肌肉力量。加强产前检查，认真进行骨盆和胎宝宝大小的测量，判断胎宝宝能否顺利娩出，如需剖腹或其他助产，应提前一周左右入院待产。

妈妈的爱: 孕晚期安全运动3法则

1. 咨询医生的意见

即使身体状况健康，到了孕晚期还是要和医生讨论一下是否要调整你的锻炼习惯，来确保这些活动不会让你或你的胎宝宝有危险。

2. 不要做有危险的活动

避免身体接触性项目和那些可能让你失去平衡的活动。即使你一向都很注意自己的形象和举止，也要防止发生扭伤或因为跌倒而受伤。

3. 运动注意事项

如果天气炎热或闷湿，孕妈妈就要暂停锻炼，或者改在通风好、有空调的室内锻炼。锻炼时要穿着宽松、没有束缚的衣服，同时要多喝水。

辣妈加油: 不做"有痔"孕妈妈

痔疮通常出现在妊娠的后期28~36周，特别是分娩前1周会有便秘出现，造成局部静脉曲张而形成痔。

定时大便。最好是在饭后，特别是在早餐后。不管有没有便意，都应按时去厕所，久而久之就会养成按时大便的习惯。但要注意大便时不要用力，大便后要注意做好清洁工作，但要注意当你清洁肛门时千万不要擦或蹭，要用湿润的薄棉纸、婴儿用纸轻轻拍干。

安全用药。大便之后将痔疮轻轻地推送回去，可在患处涂上一些胶状油; 或用1%~2%苏打水坐浴，每晚一次，保持外阴部位清洁。严重者也可在医生的指导下使用治疗软膏、痔疮专用栓剂。

小贴士

除痔离不开饮食配合

孕妈妈去除痔疮，除了可通过大便定时等方法改善外，多吃一些含纤维素多的绿叶蔬菜和水果，如菠菜、韭菜、李子干、葡萄干、无花果、梨; 多饮水，每天早晨空腹饮一杯温开水，可刺激肠道蠕动，有助于排便。

缓解孕妈私密处"隐痛"

孕期是最脆弱的一个时期，由于激素水平的变化，孕妈妈的身体各方面包括阴道环境本身都会发生改变，会造成私密处的难言隐痛。

◎ 耻骨疼痛

孕晚期尤其是临近分娩的时候，很多孕妈妈会抱怨耻骨附近疼得厉害。那是因为弛缓素和黄体素这两种激素使得耻骨联合区域变得非常松弛，而骨盆承受了很大的压力，导致了耻骨联合过度分离。耻骨分离并不会影响分娩，除非孕妈妈有严重的耻骨联合过度分离且非常的疼痛，可以考虑采取剖腹产。

应对：孕妈妈要注意多休息，避免提重物，不要跨坐，坐着时背后放置腰枕，睡觉的时候可在双腿之间放一个枕头，翻身时，移动脚和臀部要尽量平行、缓慢地行动。平时可使用骨盆腹带，疼痛厉害的时候不妨在耻骨附近用冰袋敷一敷。

◎ 外阴部疼痛

有些孕妈妈在孕中晚期会感觉外阴部肿胀，同时局部皮肤发红，在行走时外阴出现剧烈疼痛。这种现象就是外阴部静脉曲张。

应对：孕后期的孕妈妈要避免长时间地站立，不要穿过紧的裤子和鞋袜，洗澡的时候注意水温不要太热。如果已经发生外阴静脉曲张现象，孕妈妈可以进行局部冷敷，或用冷开水坐浴，然后可涂抹氧化锌软膏。

孕期营养：为胎宝宝聪明饮食

进入冲刺阶段，孕妈妈最重要的营养任务，就是补充维生素B12和维生素K。

维生素B12，具有促进神经髓鞘中脂蛋白的形成，保持中枢神经和外周髓鞘神经纤维的功能完整等生理功能，是保障胎宝宝神经发育正常的重要维生素。因此，孕妈妈通常需要吃一些精瘦肉或家禽，或吃足够的低脂肪奶制品来保证维生素B12的摄入。如果孕妈妈吃素，那么就要通过一些其他维生素补充方法来保证吸收足够的维生素B12，如可以吃些强化早餐麦片。

维生素K，在人体中的生理功能主要是控制血液凝结，是促进血液正常凝固、预防孕妈妈临产时出血不止及胎宝宝骨骼生长的重要维生素。虽然维生素K人体需要量相对较少，但它对孕妈妈尤其重要。因此，孕晚期要多吃些甘蓝、菠菜、香瓜、青豆、强化早餐麦片和全麦面包等。

小贴士

胎宝宝生长速度达高峰

胎宝宝出生时的体重一半是通过孕晚期妈妈的营养摄入吸收增长的。因为，孕晚期胎宝宝各个器官的生长发育已经更趋成熟，胎宝宝的大脑皮层、神经系统、肺部发育不断增快，是胎宝宝身体各部分的加速成熟阶段，也是胎宝宝出生前的"最后冲刺"阶段。

胎教密语：色彩胎教进行时

色彩对人的视觉影响最大，且是人的第一感觉。现在人们已认识到色彩能影响人的精神和情绪。它作为一种外界的刺激，通过人的视觉带来不同的感受，使人产生某种精神作用。精神上感到愉快还是忧郁，常与色彩的视力感觉有直接的关系。可以说，使人不舒服的色彩如同噪声一样，令人烦躁不安；而协调的色彩则是一种美的享受。

基于色彩对于人的精神和情绪的影响力，胎教学也引进了色彩理论，胎教时期对宝宝进行色彩胎教，不仅可以让孕妈妈的生活更美妙，还能让胎宝宝出生后更活泼，对色彩认知更敏感。事实也证实，进行过色彩胎教的宝宝在长大之后性格开朗。

◎ 冷色调更适合孕妈妈

如绿色、蓝色、白色和浅色（如淡粉色、淡青色）等颜色，冷色有利于情绪稳定，能让孕妈妈保持宁静的心境；浅而暖的颜色多会给孕妈妈温暖的感觉。因此，孕妈妈可以有意识地多选用淡色装点生活，而能让你感觉平静、舒服的颜色就是适合你的。

◎ 简单对话让胎宝宝辨别色彩

如孕妈妈赏花，除了要简单描述花的颜色外，还要告诉他这种颜色能给什么感觉，以及有什么形容这种花的诗句，开发胎宝宝色彩敏感度，并简单刺激胎宝宝的脑部发育，增强他对于色彩的识别能力。除了花之外，水果也是五颜六色的，也可以拿来给胎宝宝做色彩胎教。

欣赏画作也是许多孕妈妈经常采用的色彩胎教法。欣赏画的时候，除了欣赏其意蕴、形象、线条，当然也要欣赏色彩，告诉胎宝宝一幅画里都用了什么颜色，什么颜色跟什么颜色搭配得好，颜色有什么特点等。

◎ 孕妈妈最忌讳的颜色

孕妈妈不宜多接触红色、黑色、灰色等冲击性太强的颜色，以免产生烦躁或恐惧、悲伤等不良情绪，进而影响胎宝宝的健康成长。特别是黑色，容易使胎宝宝感到心烦意乱，情绪低迷，躁动不安。

云朵冰激凌

夏天，太阳跑到森林里来啦。

绿叶被烤得打蔫儿了，小花被烤得打蔫儿了，森林里的孩子们也被烤得打蔫儿了。大家躲在树荫里，热得什么都吃不下。

长颈鹿妈妈好着急呀！

长颈鹿妈妈看见一大块云朵飘过来，她咬了一口，哇，凉丝丝的。

长颈鹿妈妈笑了，她用云朵给孩子们做了个漂亮的云朵冰激凌！

森林里的孩子们吃着甜甜的、香香的云朵冰激凌，好开心啊！

给胎宝宝的话

夏天，森林里的小动物们热蔫儿了，长颈鹿妈妈用云朵为他们做了凉丝丝的冰激凌，哇，真美味！小朋友们吃得好开心！宝宝在妈妈的肚子里感觉热吗？你想吃凉爽可口的东西吗？要不，我们一起来杯酸奶吧！

第37周

接下来的几周，就是等待的时间了。利用这段时间，为你的胎宝宝布置一下婴儿房，或者和准爸爸再享受一下二人世界。尽量多睡会儿觉，或者多看一些书，平复焦虑心情，记得时刻幸福地微笑一下吧！

胎宝成长笔记

37周的胎宝宝仍然在生长，他的身长已有50厘米左右，体重3千克左右。这时候他的头发已经长得又长又密了，身体的发育也基本完成，是个健康的小宝宝了！已经随时准备好与辛苦的妈妈见面了。

宝贝计划：分娩前的准备

经过近10个月的漫长等待，眼看分娩的时刻就要到来了，你是否已经做好迎接新生儿的准备呢？如果没有，那一定要在分娩前把各方面可能遇到的问题提前做好准备，才能对分娩更有安全感哟。

1. 不对分娩说"怕"。妊娠晚期，孕妈妈易出现害怕分娩痛、难产等焦虑情绪，因此，应尽早做好分娩前的知识准备，让孕妈妈了解分娩是正常的生理过程；定期到确定分娩的医院进行产前检查，了解孕期有无并发症，做到心中有数。

2. 给信心再加点儿"油"。保持心情稳定愉快，最好不看惊险电影、电视及小说，减少精神刺激，保证充足睡眠。同时，丈夫及家人也应给孕妈妈更多的关爱和帮助。

3. 把好营养关。调整饮食，选择营养丰富、易消化吸收的食物，少吃多餐；保持充分的休息和睡眠，做到养精蓄锐，分娩时才有足够的精力和体力。

4. 出行不随便。接近预产期的孕妈妈应尽量不外出和旅行，外出要有人陪伴。

5. 卫生时刻做。注意保持个人清洁卫生，勤淋浴擦浴，勤换内衣内裤，每天用清水洗净乳头，为哺乳做好准备。居室要空气流通性好，向阳房间为最好。

6. 绝对要禁欲。临产前绝对禁忌性生活，以免引起胎膜早破和产时感染。

妈妈的爱：胎盘异常要心中有数

◎ 前置胎盘

孕妈妈有流血现象。

应对策略：及时就诊，如果出血很多，就不得不及时终止怀孕，孕妈妈可以一边输血，一边做剖宫产，使母子化险为夷。

◎ 胎盘早剥

腹部忽然剧烈疼痛，阴道有暗红色的血液流出，虽然量不多，但孕妈妈却面色苍白，发冷出汗，呼吸加快，甚至出现休克症状。

应对策略：争分夺秒地让胎宝宝产出，胎宝宝产出、胎盘跟着排出后，子宫才能迅速收缩而止血，控制孕妈妈出血。

辣妈加油：远离临产4恐惧

◎ 害怕生产时会很痛

相信自己，对自己有信心。无论采取何种分娩方式，一定要科学对待，多听取医生的建议，做好心理准备，安心分娩。

◎ 担心胎宝宝有问题

其实通常胎宝宝出现出生缺陷的概率只有3%，有些还可以通过手术、药物治疗等解决问题。且目前的超声检查，很多大的畸形都能够被发现，还有很多辅助手段，都有助于了解胎宝宝的健康信息。

◎ 害怕永远胖下去

如果孕期注意饮食均衡，合理增加体重，坚持适度锻炼，产后体重的恢复也不是一件很困难的事情。

◎ 担心准爸爸没"性"趣

其实这种想法只是孕妈妈自己的心理作用，你的欲望很快能够重新燃起，而且如产前一样强烈，而准爸爸对你的"性"趣会比以前更炽热呢！

产科大夫对分娩妈妈的叮咛

◎ 练好身体进产房

锻炼可以增强孕妈妈的体质，提高免疫力，并改善心脏的承受能力，从而使孕妈妈在分娩时有足够的能力控制自己的呼吸，减少疼痛。特别是当遇到分娩不顺利时，平日的锻炼将有助于孕妈妈提高耐力。

活动和直立体态如站立、跪立、端坐等，对分娩有提速的作用。多活动可以促进循环，让更多的血液流到子宫，促进宫缩。胎宝宝因为重力的作用，对宫颈产生更大的压力，使宫颈扩张加速，宫缩更有力。多数的直立姿态可使骨盆扩张得更大。

◎ 信赖医生，但不依赖

与你的妇产科医生保持良好的关系是你健康度过孕期的最好保障。如果你对自己的身体状况有任何的担忧和疑虑，都可以毫不犹豫地向医生提出。

做好分娩准备，了解分娩期间怎样能有所作为，掌握一些有助产程进展、缓解分娩疼痛的技巧。要与医生好好儿配合，因为在生产过程中，你看不到胎宝宝出生前后的具体情况，必须依赖医生的指导，才知道什么时候开始用力，什么时候应该稍做控制。对分娩的理解越透，准备越充分，信心越足，顺利分娩的可能性越大。

分娩时做好你应该、能够做的事，对你左右不了的事，请交给医生解决。

◎ 懂得放松情绪和身体

如果你紧张，就会自动屏气使子宫供氧受阻，增加疼痛，减少宫缩效率。如果你感到害怕，你的身体还会分泌肾上腺激素，延缓分娩时间。所以放松对于减轻痛苦和加快分娩进程是非常重要的。

放松的方法有呼吸法、放松法、想象法等，如果家里的环境让你放松，开始分娩后应该尽量在家多待一会儿。在怀孕晚期，要询问自己的产科医生关于分娩时的进程和注意事项，争取在分娩真正进入到关键时刻再去医院，避免过早入院所带来的紧张不安。

孕期营养：晚期补铁不能忘

铁是维持生命的主要物质，孕妈妈需要补铁来供应正在发育的胎宝宝和胎盘，特别是孕晚期不要忽略。

多吃富铁食物： 多吃瘦肉、家禽、动物肝及血(鸭血、猪血)、蛋类等富铁食物。豆制品含铁量也较多，肠道的吸收率也较高，要注意摄取。

多用铁炊具烹调： 做菜时尽量使用铁锅、铁铲，这些传统的炊具在烹制食物时会产生一些小碎铁屑溶解于食物中，形成可溶性铁盐，容易让肠道吸收铁。

多吃富含叶酸食物： 饮食上注意进食富含叶酸食物，如肝脏、肾脏、绿叶蔬菜及鱼、蛋、谷、豆制品、坚果等。并且，在做菜时注意不要温度过高，也不宜烹调时间太久。

补铁，别忘补维生素C： 在吃富铁食物的同时，最好还要多吃一些水果和蔬菜，也有很好的补铁作用。如鸡蛋和番茄同时食用，番茄中的维生素C可以提高铁的吸收率。

营养加油站
菠菜鱼片汤

原料： 鱼肉100克，菠菜50克，火腿15克，熟猪油30克，盐3克，料酒3克，葱、姜各适量。

做法：

1. 将鱼肉切成薄片，加盐、料酒腌30分钟。

2. 菠菜洗净切成段，用沸水汆一下，火腿切末，葱洗净切段，姜洗净切片。

3. 将锅置于火上，倒入熟猪油，烧至五成热后下葱段、姜片爆香。

4. 放鱼片略煎后加水煮沸，再用小火焖20分钟后投入菠菜段，调好味，撒入火腿末即可。

功效： 菠菜是维生素B_6、叶酸、铁质和钾质的极佳来源，鱼肉中富含钙、磷、铁、维生素A、尼克酸、镁等营养物质，二者搭配食用，除了有助孕妈妈补铁生血之外，还有增乳、利五脏、除湿利尿等功效。

胎教密语：抚摩胎教方法多

抚摩，即"用手轻轻地按着，来回移动"。这个动作，在孕妈妈的生活中，其实是非常常见的，经常能看到很多孕妈妈都会在走路、坐下来或是听音乐的过程中，手会无意识地放在肚子上面来回抚摩。这种对胎宝宝轻柔的爱抚，不仅仅是皮肤间的接触，更是一种爱的传递。

抚摩方法1： 孕妈妈随时随地都可以把自己的手放在肚子的外缘，按顺时针方向缓缓抚摩肚子；特别是当感受到胎动的时候，一定要抚摩胎动的地方，给胎宝宝一个反馈。有心理学家也建议孕妈妈可以适当进行逆时针抚摩，也叫作抚摩式逆境教育。

抚摩方法2： 孕妈妈伴随音乐，把自己的肚皮当作一架钢琴，手指可以像弹钢琴似的，相互交错，灵巧地在肚皮上有节奏地弹动，感受胎宝宝给出的反应。

抚摩方法3： 四指合在一起，轻轻按压肚皮后，很快弹起，只要保持稍有按压感即可，触点可以从左到右，从右到左，再从上到下，从下向上，如果能伴随音乐节奏的话更好。

抚摩方法4： 孕妈妈还可以把双手合并置于腹部的一端，从右到左或从左到右缓慢地、来回推动胎宝宝在体内进行移动，这也是一种抚摩胎教的方式。

小贴士

不必在意抚摩手法

孕妈妈与胎宝宝进行抚摩交流，不必过分关注抚摩的手法，毕竟每个胎宝宝对不同的抚摩形式和力度感受与反应都千差万别，孕妈妈甚至可以创作出或者找到一种胎宝宝最喜欢的手法，与他进行亲密的沟通。

牵牛花摇床

小松鼠想要睡在花朵上。

松鼠妈妈想呀想，想出办法眼睛亮。她来到大树下，种了几棵牵牛花。牵牛花顺着枝干爬呀爬，一直爬到另一棵大树上。

看，牵牛花在两棵大树间织出了一张小摇床。

晚上，小松鼠开心地躺在牵牛花摇床上，风儿轻轻摇，蟋蟀低声唱。小松鼠睡着了，还做了一个香甜的梦呢。

第二天早上，小松鼠在花香中醒来。哇，小摇床周围开出了好几朵漂亮的牵牛花！

小松鼠好喜欢他的小摇床啊！

给胎宝宝的话

漂亮的牵牛花摇床摇着小松鼠，小松鼠做了甜甜的梦；柔软的肚子摇床摇着小宝宝，小宝宝做个美美的梦！妈妈要告诉宝宝，咱们家已经为你准备了一张舒适的小摇床，上面挂满了七彩铃铛。小摇床盼着宝宝快躺在上面，任它轻轻地摇呢！

第38周

这一周，你已经进入了临盆待产的关键时期，要随时注意胎宝宝将传给你的分娩信号哟。最好能再了解一些产前相关知识，懂得分辨真假分娩信号，以便出现分娩信号时能淡定自若、见招拆招！

胎宝成长笔记

这一周，胎宝宝身上大部分毛茸茸的胎毛都脱落了，留在子宫里像奶酪一样包裹着胎宝宝。而一直以来保护胎宝宝发育的皮脂也开始消失。顽皮捣蛋的胎宝宝会把这些脱落的胎毛、皮脂和其他分泌物都吞咽下去，积聚在肠内，准备等他出生，好排出第一团粪便，跟妈妈开个小玩笑。

妈妈的爱：临产前检查很关键

临产前检查的重点与早、中期妊娠检查有所不同，产前检查很重要，可以决定分娩时的处理方案，保证分娩时孕妈妈与胎宝宝的安全。

◎ 临产前检查决定分娩方式

临产前检查主要包括了解胎位正与不正、血压高不高、有无浮肿、有无尿蛋白等；估计分娩时胎宝宝有多大，了解骨盆的大小；测量孕妈妈体重等，了解孕妈妈的身体状况，以及通过计算胎动听胎心音了解胎宝宝的生长发育情况。如果一切正常，就采取自然分娩的方式。如果有问题，则采取剖腹产。无痛分娩则是由孕妈妈自身来决定的。不能忍受产程剧痛又想自然分娩的人可选择无痛分娩。

孕期营养：顺利分娩宜补锌

锌是人体必需的一种微量元素，可增强子宫有关酶的活性，促进子宫肌收缩，把胎宝宝驱出子宫腔。当孕妈妈体内缺锌时，子宫肌收缩力弱，就无法自行驱出胎宝宝，因而需要借助产钳、吸引等外力，才能娩出胎宝宝，甚至需剖宫产。

由此可知，孕妈妈缺锌，理所当然会增加分娩的痛苦。且孕妈妈除自身需要锌外，还得供给发育中的胎宝宝需要。

一般建议，孕妈妈要多进食一些含锌丰富的食物，如面粉类食品、牛肉、羊肉、蛋黄、芝麻、花生、豆类等，以利于分娩及母子健康。

◎ 苹果是孕妈妈补锌好水果

苹果素有"益智果"与"记忆果"之美称。它不仅富含锌等微量元素，还富含碳水化合物、多种维生素等营养成分，尤其是细纤维含量高，有利于胎宝宝大脑皮层边缘部海马区的发育，有助于胎宝宝后天的记忆力。孕妈妈每天吃1~2个苹果，可以满足锌的需求量。

营养加油站
双耳牡蛎汤

原料：水发木耳、牡蛎各100克，水发银耳50克，料酒10克，葱姜汁20克，精盐3克，醋1克，胡椒粉0.5克，高汤500克。

做法：

1. 将木耳、银耳撕成小块。牡蛎下入沸水锅中焯一下捞出。

2. 另将锅内加高汤烧热，下入木耳、银耳、料酒、葱姜汁、鸡精煮约15分钟。

3. 下入焯好的牡蛎，加入精盐、醋煮熟，加入味精、胡椒粉调匀，出锅装碗即成。

功效：此汤中所用木耳、银耳富含钙、铁等元素，是补钙、补铁的佳品；牡蛎中锌的含量非常丰富，为其他食物之冠。三者组合同烹成汤，无疑是孕妈妈补锌、补钙、补铁的绝佳美味。

胎教密语：最高级的情绪胎教法

研究显示，孕妈妈的精神和情绪，可以直接影响胎宝宝的血液供养、呼吸、胎动等方面的变化。所以孕妈妈愉悦的情绪可促使大脑皮层兴奋，有利于身心健康，促进胎宝宝健康发育。

宁静祥和的情绪有助于孕妈妈分泌健康激素和酶，起到调节血液量和兴奋神经细胞的作用，可以改善胎盘的供血状况，增加血液中的有益成分，使胎宝宝向着理想的方向发育成长。

如果孕妈妈情绪过度紧张、悲痛，大脑皮层的高级神经活动和内分泌代谢功能就会发生改变，造成胎宝宝发育缺陷。

当他感受到你的温暖、平和和慈爱时，那颗小小的心也会被同化，逐渐形成热爱生活、活泼外向、果断自信等优良性格的基础；当他感受到你焦虑、厌烦，甚至还有敌意和怨恨的心情时，这颗心灵也被蒙上了孤独、寂寞、内向和自卑的阴影。

孕期如果孕妈妈心情舒畅，胎宝宝的心理发展、情感、个性、智慧和能力等方面会更优异，而且胎宝宝的直觉力、想象力、空间感、创造力都比较好。所以，不想让胎宝宝忧郁担心的孕妈妈，一定要打起精神，保持心平气和，多做一些自己喜欢的事情。

辣妈加油：火眼金睛认清真假宫缩

特点	假宫缩	真宫缩
宫缩时间	无规律，时间间隔不会越来越小。	有固定时间间隔的规则性，随着时间推移，间隔越来越小，每次宫缩持续40~60秒。
宫缩强度	通常比较弱，不会越来越强。	稳定增加。
宫缩疼痛部位	通常在前方疼痛。	先从后背开始疼痛，而后转至前方；下腹部及两股内侧或腰骶部。
宫缩运动舒缓后的反应	行走或者休息片刻之后，或者换一下部位，会停止宫缩。	不管采取何种方式运动来缓解，宫缩照常进行。
孕妈妈应对策略	不必紧张，多为正常。	及时到医院就诊，以免意外。

◎ 宫缩到来疼痛缓解法

临产前，当胎宝宝增长速度超过子宫增长速度，孕妈妈宫内压力会升高，子宫肌壁和蜕膜明显受压后，受到刺激的信号通过交感神经传至下丘脑，使垂体释放缩宫素，引起子宫收缩，为胎宝宝分娩做足准备。

第1步：刚开始的阵痛非常快速也很轻微，首先是肚子感觉一紧，然后腰部快速出现一阵疼痛，几秒后快速消失。一般情况下，刚开始有规律阵痛的时候间隔应该是相当长的，一个小时一次或更多。

第2步：逐渐变得有规律，强度越来越强，持续时间延长，间隔时间缩短，间隔时间只有2~3分钟，要持续50~60秒，此时需要进产房做进一步检查了。这时关键要和医生配合好，才能顺利分娩。

◎ 呼吸法缓解法

第1步：全身放松，平躺着，闭上眼睛，以鼻深吸气。

第2步：以口深呼气放松腹部。

第3步：根据宫缩疼痛的频率，试着调整自己的呼吸，以鼻吸气后，屏气，然后长呼气。

宝贝计划: 我的分娩我做主

分娩方式	优点	缺点
自然分娩	规律宫缩是对胎宝宝身体的按摩, 对日后宝宝感官系统的发育有益。 通过产道的挤压, 以使胎宝宝把吸入肺里的羊水吐出来, 降低娩出后窒息发生的概率。 产妈可有效配合宫缩用力。 母体恢复快, 对身体伤害少。	分娩时疼痛感强。 产道容易裂伤。
无痛分娩	减轻生产时疼痛。 产妈的宫缩对胎宝宝进行按摩, 对日后宝宝感官系统发育有益。 通过产道的挤压, 可减少娩出后窒息发生的危险。	产妈不能有效配合宫缩用力, 产程可能延长。 麻醉对产妈有一定影响, 如产后几小时内肢体麻木、怕冷等。 麻醉药物对母乳喂养的新生儿是否有影响, 还在探讨中。
剖宫产	无剧烈疼痛。 危急时可抢救胎宝宝和产妈生命。 可人为控制产程, 且相对安全。 可减少产妈和胎宝宝缺氧等不安全因素。	宝宝未经产道挤压, 易造成羊水吸入; 新生儿肺炎。 宝宝出生后的生理机能(身长、体重、智能等)发育相对缓慢。 术后母体恢复慢, 腹部创伤会留下明显疤痕。

◎ 无痛分娩需咨询医生建议

无痛分娩也属于自然分娩的一种, 是指在自然分娩过程中, 对孕妈妈施以药物麻醉, 使其感觉不到太多疼痛, 婴儿从产道自然娩出。但是如有妊娠并发心脏病、药物过敏、腰部有外伤史的孕妈妈应向医生咨询, 由医生来决定是否可以进行无痛分娩。

红云娃娃和白云娃娃

　　红云娃娃看到白云娃娃在哭，飞过来问："你为什么哭呀，白云娃娃？"白云娃娃说："妈妈带我来买彩色的新衣服，我把妈妈丢了！"

　　红云娃娃说："你的家在哪儿？我送你回家！"白云娃娃又哭啦："我不回家，我还没有买彩色的新衣服呢！"红云娃娃说："这好办呀！"

红云娃娃叫来了好多彩色的云娃娃，让他们飞到白云娃娃身上，变成了紫上衣、黄裤子、红围巾和花蝴蝶结，白云娃娃变成了彩色的娃娃。

　　妈妈找来了，看到白云娃娃这么漂亮，差点儿不认识她啦！妈妈问："你怎么变成小公主了呀？"白云娃娃说："是彩色的云娃娃们把我打扮得这么漂亮呀！"

给胎宝宝的话

　　亲爱的宝宝，妈妈每天带着你外出，可千万别走丢啊！如果我们走散了，请你务必站在原地等妈妈，妈妈一定会回来找你的！妈妈知道你喜欢彩色娃娃，已经为你准备了很多彩色的衣服啦！就等着把你打扮成一个美丽的彩色娃娃呢！

第39周

你腹中的胎宝宝现在已经准备好向这个世界报到了，准备好了吗，年轻的孕妈妈？也许明天，也许后天，胎宝宝就会与你见面了！养精蓄锐，放松心情，准备收获幸福，迎接宝宝的顺利降生吧！

胎宝成长笔记

任何美好的结果，都是需要一点点儿的努力才能获得的。因此，为了与孕妈妈见面，胎宝宝此时已经把自己的头部固定在了骨盆中，他耐着性子安静地等待着合适的日子，也开始慢慢地更多地将头向下运动，想把头伸到这个世界上来。

宝贝计划：分娩妈妈舒压宝典

◎ 第1产程呼吸法

当宫缩疼痛开始时，深深地吸一口气，然后慢慢地呼出。孕妈妈练习时可以以5秒钟作为标准，心中默默地数1、2、3、4、5，让自己有一种将气体储存在腹中的感觉，然后将气一点儿一点儿慢慢地呼出，从嘴里或鼻里都可，呼气时间是吸气时间的2倍。

孕妈妈按照这样的方法反复做4~5次后，呼吸要逐渐变得短而浅一些，直到呼吸恢复自然状态。接着，孕妈妈继续轻微呼吸，待感到宫缩减弱为止，再连续做4~5次深吸气、慢呼气的练习，每次逐渐加深，直至宫缩停止。

◎ 第2产程呼吸法

屏气呼吸： 当宫口开全后，才需要这种呼吸技巧，因为孕妈妈会有急迫向下推挤的感觉。孕妈妈在每次宫缩开始时，深深吸气，并用力向下屏气，以推挤胎宝宝前进；当宫缩结束时，吸气应缓慢，并且加重，然后慢慢呼气，直到下次宫缩开始。

哈气呼吸： 在胎头先露出来时，孕妈妈采用张嘴短促的哈气呼吸，即"哈""哈"，不可发出声音，身体也不可用力。

孕妈妈肌肉放松法

双腿轻松放开，膝微屈曲，双手拇指张开，其余四指并拢，轻放于下腹部围成角形，进行腹式深呼吸，即深吸气时使下腹部膨胀地鼓起，呼气时使下腹部自然恢复原状。宫缩过去后调整呼吸和全身肌肉，使其由紧张到放松，特别要使下腹部和会阴部肌肉放松，以利于充分休息。

妈妈的爱：顺利降生三关键

分娩能否顺利完成主要取决于三个因素：产力、产道及胎宝宝。三者正常或能相互协调即为正常分娩。

1. 产力：包括子宫收缩力、腹肌和肛提肌的收缩力以及膈肌的收缩力。正常情况下，随着产程的进展，子宫收缩强度要加强，持续时间要延长，这样才能在第一产程中使子宫颈口逐渐开全。而腹肌、膈肌及肛提肌的收缩，主要运用于第二、三产程。如第二产程产妇能屏气用力，则可以缩短第二产程。

2. 产道：分为骨产道和软产道。骨产道是指骨盆。骨盆的大小、形态直接影响分娩。软产道是指宫颈、阴道及外阴，如果宫颈口开全、阴道没有阻力，胎宝宝才能顺利通过。

3. 胎宝宝：胎宝宝的大小、有无畸形及胎位也直接与分娩有关。纵产式时通过产道较易，而臀位则因胎头娩出时无变形机会，易娩出困难。胎宝宝过大或者颅骨过硬、可塑性差、不易变形，也常常发生分娩困难。

辣妈加油：学会舒缓产前焦虑

与医生保持密切联系。一旦出现用药问题，或是身体不适，应及时向医生请教。通过医生的帮助，解决了心中的疑虑，孕妈妈就会感觉心里踏实。

适量运动可忘忧。不要以为肚子里的胎宝宝很喜欢待在床上，其实他们更喜欢和妈妈一起散散步，做做柔软体操，或是为自己将来做些小衣服。这样既可以让胎宝宝得到适量的运动，又可以让妈妈不再将注意力集中在焦虑与担忧上。

转换的注意力。与其自己整天胡思乱想，不如与其他妈妈们多交流一下，讨教一些经验，做一些有利健康的活动。这样不仅会使孕妈妈转移注意力，不知不觉中解除了紧张情绪，而且还会变得快乐起来。

缓解产痛的3个动作

改变姿势有时能够有效地缓解阵痛的难过，从以下介绍的姿势中，孕妈妈不妨积极地尝试，找寻自己感觉最舒服的姿势。

来回踱步。当阵痛尚不强烈的时候，活动一下身体会比一直躺在床上舒服，下床在医院内走走或许还能调和一下情绪。

把体重负荷压在墙上。将双臂伸直压着墙壁，把所有的体重压在墙壁上，由于此姿势是站立的方式，因此有帮助胎宝宝降生的效果。

跨坐在椅子上。将双脚张开跨坐在椅子上有利于产道的扩张，同时还能减轻腰部的负担。可将身体略微前倾，把体重负荷在椅背上，注意不要用有轮子的椅子，也不要过度用力前倾，以免摔倒。

孕期营养: 临产营养是头等大事

随着分娩日期的迫近，准备一些零食和饮料带去医院吧。不过你在生胎宝宝时能否进食取决于医生。吃一些容易消化的东西，以免你在分娩初期感到饥饿。鸡蛋、巧克力、饼干、葡萄干等都是孕妈妈这一阶段的理想零食。

巧克力被许多营养学家和医生誉为"分娩佳食"。因为它营养丰富，含有大量的优质碳水化合物，而且能在短时间内被人体消化吸收，产生大量的热能，供人体消耗。

据测定，每100克巧克力中，含有碳水化合物50克左右，脂肪30克左右，蛋白质15克以上，还含有较多的锌、维生素B₂、铁和钙等，被消化吸收和利用的速度是鸡蛋的5倍、脂肪的3倍。

孕妈妈只需在临产前吃上一两块巧克力，就能在分娩过程中，产生出很多热量。因此让孕妈妈在临产前适当多吃些巧克力，对母亲和婴儿都是十分有益的。

胎教密语: 温馨家庭健康宝宝

一个温馨的家庭环境，对于调节孕妈妈的精神情绪，增强施以胎教的信心，激起对未来

营养加油站
羊肉红枣黄芪汤

原料：羊肉350克、红枣50克、红糖25克、黄芪15克、当归20克，姜、料酒、盐各适量。

做法：

1. 将羊肉洗净，切块，放开水中焯一下捞出备用，红枣洗净去核。

2. 砂锅中加水1000毫升，放入羊肉、红枣、黄芪、当归、姜、料酒一起煮2小时。

3. 当浓缩成500毫升后，倒出汤汁，分成2碗，加入红糖即可食用。

功效：羊肉富含铁、锌、维生素B等元素，红枣除含蛋白质、碳水化合物，还含有多种矿物质和维生素，黄芪有增强机体免疫功能。孕妈妈在临产前3天开始早晚服用此汤，能够增加体力，有利于顺利分娩。

生活的期盼等都大有好处。家庭气氛和谐与否对胎宝宝的生长发育影响很大，和谐的家庭气氛更是造就胎宝宝身心健康的基础。

互敬互爱。这是共同创造温馨家庭的感情基础。夫妇双方应互相尊敬，既要尊重对方的人格、工作与劳动，还要尊重对方的志趣和意愿，即使有点儿意见和分歧，也能开诚布公地妥善解决。

互信互勉。这是共同创造温馨家庭的心理保障。婚后的小两口有事共同商量，有困难共同克服，有缺点互相纠正。互相信赖，以诚相

见，这是夫妻生活和谐的可靠保障。倘若听风就是雨，疑神疑鬼，对另一方胡乱猜疑，就很容易引起夫妻感情的破裂。

互助互让。这是共同创造温馨家庭的根本。男女之间由于生理特点不同，在不同的时期夫妻双方在家庭中就有不同的分工和义务。当小两口做好怀孕计划以后，仍需相互帮助，男方要多帮助和谦让女方一些，使孕妈妈心神愉悦地受孕怀胎。

互谅互慰。这是共同创造温馨家庭的关键。在家庭生活中，夫妻之间相互体谅和抚慰，就可以密切夫妻之间的感情。双方都能主动承担应尽的职责，其家庭生活当然是温馨的。孕妈妈怀孕以后，平日经常干的家务活儿不能胜任了，准爸爸应体谅孕妈妈，主动去承揽这些家务，并且还要多给孕妈妈一点儿抚慰，这样才能使孕妈妈安全顺利地度过孕期。

重要提醒。营造一个温馨的家庭环境的关键，要多搞精神上的"投入"，在和睦相处的氛围中，孕妈妈得到的是温馨的心理感受，胎宝宝也能在如此良好的环境中获得最佳熏染，从而促进身心的健康发育。

月亮的小毯子

晚上，月亮温柔地看着大地。

田野睡着了，小路睡着了，花儿也睡着了，躺在床上的小宝宝，正在做着甜甜的美梦呢。

这时，一阵凉风吹过。月亮来到小宝宝窗前，给小宝宝盖上了小毯子，小宝宝暖和极了。

清晨，小宝宝醒了："妈妈，哪来的小毯子呀？"

"嗯，"妈妈回答，"也许是昨天晚上月亮送给你的！"

"真的吗？"小宝宝很开心，"今天晚上，我要对她说声'谢谢'。"

给胎宝宝的话

月亮的小毯子，好温暖啊！宝宝，你在妈妈的肚子里觉得温暖吗？这圆鼓鼓的肚皮，就像小毯子包裹着你，今晚，咱们一起做个甜甜的美梦吧！愿你在梦里快快长大！

第40周

你生命中那个重大时刻就要来临了，十月怀胎就像一次漫长的旅行，随着预产期临近，这次旅行即将到达终点，所有的辛苦等待即将结束。也许，此刻你的心情很复杂：期待、渴望、不安……但我们相信，你一定会坚强面对！

胎宝成长笔记

经历过挣扎、哭喊、昏天黑地……胎宝宝不停向下滑，渐渐地他听到了些什么，越来越近，开始看到一些亮光，然后又是一阵忙乱，与妈妈齐心协力，他终于成功地变身为一个白白胖胖的宝宝，与爸爸妈妈见面啦！

宝贝计划：迎接姗姗来迟的胎宝宝

◎ 确认预产期

对于临近40周仍无产兆的孕妈妈，最好赶紧到医院，请医生确认预产期是否正确。

◎ 到医院催产

如超过预产期7天以上未临产，即41周后就应进行催引产准备了。因为42周后孕妈妈的

胎盘可能已经老化(48%的人已经是第三级)，其功能变差，羊水也变少了。

◎ 分娩前的准备工作

1. 检查胎宝宝状况。由医生为孕妈妈装上"不加压胎宝宝心跳监视器"，从超声波屏幕上可以看出胎宝宝是否正常；利用超声波进行"胎宝宝生理性评估"(包括NST、呼吸、胎动、身体张力、羊水定量)，通过这5项数值的评分，评定胎宝宝的健康状况是否良好；用超声波测出"脐动脉血流速度波形图"，可以得知胎宝宝的健康状况。

2. 检查孕妈妈子宫颈。医生除了要确认胎宝宝的健康状况外，也必须评估孕妈妈的身体状况(尤其是子宫颈成熟度及妊娠并发症的评估)，决定是否使用催产剂。

3. 准备剖宫产。如果产妈经过以上确认，并且打过催产药剂后仍然无法自然生产，应该立即进行剖宫产手术，而不宜再等待。因为时间越拖延，胎宝宝的围产期死亡率及患病率越大，对母体的危害也越大。

小贴士

了解一下催产药

妊娠达到或超过42周，称为过期妊娠，有时需要使用催产剂。目前医院使用的催产药剂有两种，都是前列腺素塞剂，一般可以用2~4次，目的是让子宫颈变软、变薄，使子宫颈开口达到胎宝宝可以娩出的程度。

妈妈的爱：高危孕妈妈的监护

在年龄、身高、身体素质方面具有危险因素的孕妈妈：年龄大于35岁、身高在140厘米以下、体重不足40千克或超过85千克、骨盆狭窄、幼年及青少年时期患过影响骨骼发育的疾病、有生殖道畸形、营养状况比较差、有遗传病家族史等都有可能发生高危妊娠。

有过不良孕产史的孕妈妈：有过流产、早产、死产及新生儿死亡经历；有手术产、剖宫产、曾患不育症经过治疗怀孕、妊娠期有过阴道出血等发生危险的概率增加。

患有疾病的孕妈妈：如原发性高血压、心脏病、糖尿病、肾脏病、肝炎、贫血、血液病、甲状腺功能亢进等疾病。

患有妊娠合并症的孕妈妈：如妊娠高血压综合征、妊娠合并心脏病等。

胎宝宝及产时母体的身体状况也可引起高危妊娠：如胎位不正、胎宝宝过大或过小、胎宝宝宫内窘迫、胎宝宝宫内生长迟缓、过期妊娠以及胎盘早剥、前置胎盘、产程延长、产时母亲大出血、感染等。

辣妈加油：跨过难产这道坎

◎ 相信医生——胎宝宝"守护神"

分娩是一个动态的过程，一旦进入产程，医生和助产师都会对整个过程进行严密监护。一旦有难产发生可能，医生会及时进行检查并找出发生难产的原因，给予相应有效的处理，把一些引起难产的因素消灭在萌芽之中。

◎ 配合——为胎宝宝出生尽全力

估计可阴道分娩的孕妈妈，要积极配合医护人员在产程不同阶段给予的指导和处理，比如：在临产开始时要吃好、休息好，不要过早屏气用力，以保存体力。

◎ 手术——胎宝宝降生"后备希望"

即使发生难产，胎宝宝无法经阴道分娩，医生还可以通过手术帮助胎宝宝娩出，只要处理及时，不会对胎宝宝造成伤害。

配合医生，站好孕期最后一班岗

◎ 第一产程

宫缩不紧，应思想放松，尽量下地活动，或同别人聊天儿，以分散注意力。宫缩间隙时，尽量放松，让全身肌肉休息，以保存体力。有条件时于子宫口开大2厘米时要求医生行镇痛。当

胎头即将娩出时，要密切配合接生人员，不要再用力下屏，避免造成会阴严重裂伤。

◎ 第二产程

根据医生的指导或平时的练习在宫缩时配合用力。正确动作是双腿蹬在产床上，双手握住床把，或屈抱膝位，或屈蹲位。宫缩时，先深吸气，然后屏住气像排便一样向下用力，尽可能屏得时间长点儿，紧接着做一次深呼吸后再深吸一口气，再屏气用力，这样每次宫缩时用2~

3次力。宫缩间隙时，全身放松，安静休息，准备迎接下一次宫缩。

◎ 胎宝宝娩出

胎宝宝即将娩出时，应按医生的要求张口哈气，以减轻腹压，防止产道裂伤。胎宝宝娩出后，可略休息一下，3~5分钟后，再轻微用力，使胎盘、脐带等全部娩出。

孕期营养：最佳助产饮食

自然生产差不多会消耗光孕妈妈的精力和体力，如果临产时，孕妈妈食欲不佳，能量储存不足的话，就会给顺产带来麻烦。临产前，孕妈妈适宜吃一些营养含量较高、脂肪和热能含量较低的食物，既补益于身体，为临近到来的分娩贮蓄精力，也为腹中胎宝宝的营养贮备提供来源。

甜甜的高热量：巧克力、蛋糕、孕妇奶粉等高热量的食物都能为体力消耗提供充足的能量补充。这些食物含糖量较高，可以较快速地供能，为分娩加油。

易消化的能量：粥、米汤、小馒头、面包片等易消化吸收的食物，由于吃起来比较方便，如果有食欲的话，在阵痛的间隙也可以适量地吃一点儿。可以相对持续地提供能量。

可以喝的力量：氨基酸饮料及参汤之类的食物，有一定的提神助力作用，对于较长时间挣扎后筋疲力尽的产妈，是能提供及时的精力补充的。一般能在半小时左右开始显现效果。

◎ 不同产程的最佳助力饮食

在第一产程中，由于时间比较长，孕妈妈睡眠、休息、饮食都会由于阵痛而受到影响，为

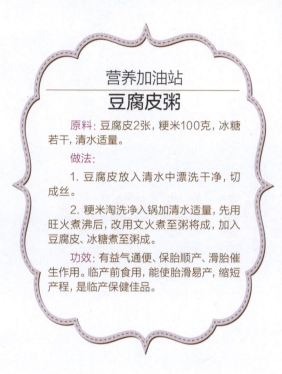

营养加油站
豆腐皮粥

原料：豆腐皮2张，粳米100克，冰糖若干，清水适量。

做法：

1. 豆腐皮放入清水中漂洗干净，切成丝。

2. 粳米淘洗净入锅加清水适量，先用旺火煮沸后，改用文火煮至粥将成，加入豆腐皮、冰糖煮至粥成。

功效：有益气通便、保胎顺产、滑胎催生作用。临产前食用，能使胎滑易产，缩短产程，是临产保健佳品。

了确保有足够的精力完成分娩，孕妈妈应尽量进食。食物以半流质或软烂的食物为主，如鸡蛋挂面、蛋糕、面包、粥等。

快进入第二产程时，由于子宫收缩频繁，疼痛加剧，消耗增加，此时孕妈妈应尽量在宫缩间歇饮入一些果汁、藕粉、红糖水等流质食物，以补充体力，帮助胎宝宝的娩出。

胎教密语：孕妈妈的习惯会遗传

同样是十月怀胎，一朝分娩，而出生后胎宝宝的性格却千差万别。为什么有的胎宝宝出生后又乖巧又懂事，品行良好？又为什么有的胎宝宝却脾气暴躁、小毛病？这是许多妈妈困惑的一个问题。

这是因为，胎宝宝在母体的几个月内，可能和孕妈妈在某些方面有着共同的节律，孕妈妈的习惯将直接影响到胎宝宝的习惯。胎宝宝的生活习惯在妈妈腹内就受到妈妈本身习惯影响，并潜移默化地继承下来，所以从孕妈妈怀孕起，就要从自身做起养成良好的习惯。

◎ 好妈妈培育好胎宝宝

事实证明，孕妈妈如果能在怀孕期间拥有良好的品行及生活习惯，并且坚持对腹中的胎宝宝进行适当的胎教，胎宝宝出生后的性格品行往往也相对较好。如果有些孕妈妈本身生活无规律、习惯不良，那么胎宝宝在母体内也接受了种种不良的习惯，出生后可能难以改掉。

◎ 胎宝宝的习惯将伴其一生

孕妈妈行为的好与坏会对胎宝宝乃至未来一生的行为产生重大的影响。明代一位医生认为"妊娠以后，则需行坐端正，性情和悦、常处静室、多听美言，令人诵读诗书，陈奏和乐，耳不闻非言、目不视恶事，如此则生子福寿敦厚、忠孝贤明，否则生子鄙贱不寿、愚顽透顶"。

◎ 胎教需孕妈妈以身作则

相传周文王的母亲在怀文王时做到了目不视恶色、耳不听淫声、口不出傲言，因此，才养育出了如此优秀的儿子。古人认为，胎宝宝在母体内就应该接受孕妈妈言行的感化，因此要求孕妈妈在怀胎时就应该清心养性，恪守礼仪，给胎宝宝以良好的影响。

不能吃的月亮

　　一个圆圆的月亮，挂在树梢上。

　　小松鼠仰着头坐着，问："月亮月亮，你是一个圆圆的鸡蛋饼吗？"

　　月亮说："不，不，我不是。"

　　小松鼠不相信，说："你别骗我，你就是一个圆圆的鸡蛋饼。"

　　月亮只好离开树梢，爬上天空。

　　小松鼠很难过，因为他吃不到鸡蛋饼了。

　　第二天，月亮又出来了。小松鼠发现月亮被谁咬了一口。他说："月亮月亮，你一定是个鸡蛋饼，你已经被咬了一口了。"

　　渐渐地，月亮变成一个月牙儿了，小松鼠每天晚上望着月牙儿，他在想，是谁吃了"鸡蛋饼"呢？

　　月牙儿天天在变，越变越圆。过了几天，又变成一个圆圆的月亮了。

　　一个圆圆的月亮又挂在了树梢上。月亮说："小松鼠，我真的不是鸡蛋饼，你看我又变圆了，我就是个会变的月亮啊！"

给胎宝宝的话

　　月亮有时圆圆的，有时缺了一个口，有时又变成一个月牙儿。为什么月亮会不停地变化呢？它是鸡蛋饼吗？它能吃吗？宝宝你觉得奇怪吗？将来，你和许多小朋友一样，对大自然的很多现象都会充满好奇，妈妈愿意陪着你一起去寻找答案。

孕晚期孕妈妈可能随时会发生各种变化，准爸爸要在医生的指导下学习一些简单的家庭监护方法，帮助孕妈妈度过最艰难的日子，让孕妈妈带着自信与愉快来面对分娩，确保万无一失。

小心监护妻子安全"好孕"

帮孕妈妈数胎动。一旦发现胎动异常或没有胎动，应立刻护送孕妈妈去医院，及时采取措施。

数数胎宝宝的心跳数。如果发现心跳次数每分钟超过160次或少于120次，或跳动不规则，这都属于异常，表明胎宝宝在子宫里缺氧，应该及时送孕妈妈就医。

提醒孕妈妈控制体重，保持体重一周增长0.5公斤较妥当。安排好孕妈妈饮食，帮助监控体重，做好记录。

小贴士

贴心准爸爸守护分娩

◎ 与孕妈妈、医生一起商量决定最佳分娩方式。

◎ 观察床边的胎音及阵痛检测仪器变化，了解孕妈妈及宝宝的状况。

◎ 孕妈妈待产，会因为阵痛而使得如厕变得较为困难，准爸爸可以陪同孕妈妈如厕，减轻孕妈妈的困难。

◎ 待产过程中，医护人员会在孕妈妈臀部下方垫上一层产垫，以保持被褥的清洁。准爸爸可以在旁边观察产垫的状况，提醒医护人员前来更换。

◎ 鼓励孕妈妈，告诉她一定能顺利分娩，陪孕妈妈说说话、看看影碟，要尽可能地消除孕妈妈的紧张与恐惧，给予重要的心理支持。

时刻关注孕妈妈血压。每次陪孕妈妈一起产检时，要仔细看尿检报告，看是否有尿蛋白，向医生了解孕妈妈血压是否正常，随时监测。

协助孕妈妈测量宫高。每次测查时，让孕妈妈先去排尿，以免影响子宫底高度测量的准确性。排尿后，仰卧在床上双腿蜷曲，由准爸爸帮助测量阴毛上端（即耻骨联合上缘）到子宫底的距离，这关系到宝宝的健康状况。

孕妈妈阴道突然有水流出，且量较多；阴道有出血；子宫收缩（有规律的腹痛）；这些现象常常是早产的信号，应及时护送孕妈妈去医院，以免贻误分娩时机。

第五章 产后

产后幸福时光

十月怀胎，一朝分娩！从宝宝出生后的每一时、每一刻，都是令人欢天喜地的，同时也让整个家庭充满了生命力。甜蜜的幸福感会让你觉得无论多苦都是值得付出的，内心激发出来暖暖的母爱，让你变得更加成熟，充满女性的魅力。

人生新的篇章，自此开始了！

产后护理大全

生孩子确实是一件极消耗体力、精力的事情。女性在生完宝宝后，所有的身体机能都处在低谷时期，这时我们就需要一个"恢复指南"，帮新妈妈在这项艰苦的工作结束之后，在身体和精神上都尽快找回最佳状态。

顺产妈妈的私密小手术

阴唇和肛门之间的部位是会阴。通常只有2~3厘米长，但生产时可以拉伸至约10厘米长。这是由于为了宝宝的顺利诞生，荷尔蒙将会阴拉伸来帮助生产。侧切指在会阴部做一斜形切口，其实只是顺产当中一个极小的手术。会阴切开术不仅包括侧切，还可以中切。

切开时机： 看到胎头快露出阴道口时，医生会在第一时间判断宝宝大不大，会不会造成会阴严重撕裂，然后再决定要不要施行会阴切开术；如判断产程很顺利，即使不剪会阴，撕裂的伤口也不大时，可避免手术。

切开缝合： 用医疗剪刀迅速地瞬间切开，切开的长度也仅仅是2~5厘米。宝宝生出后，即可进行修补手术，大概需要20分钟。一般2~4周即可恢复。

侧切后的护理： 一定要注意卫生，便后要冲洗，避免细菌感染。不要用力解便，以避免缝补的伤口再裂开。同时要保持伤口干燥，洗完澡后用面纸轻拍会阴部，保持伤口的干燥与清洁。记住这个很关键，产后6周内，一定不可行房事。

剖宫产妈妈自我护理5法

要少用止疼药物： 一般在术后数小时，伤口开始疼痛。最好不要使用药物止疼，以免影响肠蠕动功能的恢复。一般来讲，伤口的疼痛在3天后便会自行消失。

术后应该多翻身： 促进麻痹的肠肌蠕动功能及早恢复，使肠道内的气体尽快排出，减轻腹胀，还可预防肠粘连及血栓形成而引起其他部位的栓塞。

不宜平卧: 平卧位子宫收缩的疼痛最敏感, 也容易发生恶露不易排出的情况, 但如果采取半卧位, 配合多翻身, 那么就会促使恶露排出, 避免恶露淤积在子宫腔内引起感染而影响子宫复位, 也利于子宫切口的愈合。

产后注意排尿: 只要一有尿意, 就要努力自行解尿, 降低导尿管保留时间过长而引起尿路细菌感染及大便秘结的危险性。

保持阴部及腹部切口清洁: 术后两周内, 避免腹部切口沾湿, 全身的清洁宜采用擦浴, 恶露未排干净之前一定要禁止盆浴; 每天冲洗外阴1~2次, 注意不要让脏水进入阴道; 如果伤口发生红、肿、热、痛, 应该及时就医, 以免伤口感染。

产后新妈妈要小心5种危机

分娩后, 新妈妈要格外注意自己身体的恢复状况, 千万不能掉以轻心。

1. 尿潴留

多见于新妈妈或产程较长的新妈妈, 产后8小时还不能自行排尿。

措施: 在产后4~6小时内, 无论有无尿意, 应主动排尿。此外, 可在产后短时间内多吃些带汤饮食, 多喝红糖水, 使膀胱迅速充盈, 以此来强化尿意。

2. 尿失禁

新妈妈分娩后, 盆底组织松弛, 耻骨尾骨肌群张力降低, 咳嗽或用力时由于腹内压升高压迫膀胱引起尿失禁。

小贴士

剖宫产妈妈自我监测

在手术后一周内, 每天测量两次体温 (如果你自己感觉身体不适, 应增加测量体温次数)。

一定要记住, 你比其他新妈妈需要更多的休息时间, 因为你的身体在手术中大量失血, 需要慢慢恢复。而且, 与顺产母亲比, 剖宫产的妈妈奶水下来得可能会晚一些。如出现以下情况, 请及时去看医生:

如果体温高于37.2℃。

如果伤口红肿、发炎、变硬、不愈合或流脓流血。

阴道流出的血气味难闻。

尿频, 尿疼, 有可能是膀胱感染。

措施：产后在身体尚未复原之前，不宜过早地剧烈运动或用力提重物；尽量避免感冒，一旦感冒应及早治疗，因感冒伴咳嗽可引起尿失禁；此外，憋尿动作也有助于帮助恢复。

3. 褥汗

产后新陈代谢及激素水平显著下降，机体不再需要这么多的血液循环量和水分，必须排出体外，其中有一部分从汗腺排泄，称为褥汗。

措施：要注意出汗后不要受凉伤风，内衣经常换洗，更衣前用毛巾擦干身上的汗液，保持皮肤的清洁卫生。

4. 便秘

新妈妈在月子里卧床时间长、活动少，肠蠕动减弱；或过量摄入高蛋白食物，少吃水果、蔬菜，体内缺乏促进肠蠕动的纤维素；会阴伤口疼痛，不敢用力排便，这些都会导致大便秘结。

措施：适当下地活动，多饮水促进肠蠕动；多吃蔬菜、水果，还可吃点儿香油或蜂蜜。

5. 感染

经阴道分娩的新妈妈会容易发生会阴感染，剖宫产的新妈妈也容易发生伤口感染。

措施：注意消毒消肿，减轻疼痛；伤口疼痛且局部红肿、触疼、皮肤温度升高，系伤口感染征象，须用抗生素控制感染。

呵护乳房很关键

宝宝出生之后，妈妈由于体内荷尔蒙的变化，乳房在产后两三天开始分泌乳汁。在乳汁未分泌之前需要作乳房护理。目的在于清洁乳房，增进新妈妈的舒适感；使乳腺管通畅，减轻奶胀，促进乳汁分泌；健美乳房，防止下垂。同时还可以预防宝宝发生感染现象而不至于腹泻。

清洁乳房。露出右侧胸部，将小毛巾浸水，并抹上肥皂，以顺时针方向擦洗乳部，并自乳头逐渐向根部擦洗整个乳房，注意动作要轻柔。然后再用清洁适度的湿毛巾将皂液擦洗干净，并用大毛巾拭干乳房。然后用同样方法擦洗左侧乳房。

热敷乳房。更换一盆干净热水，水温50℃~60℃，可依气温酌情增减。露出胸部，大毛巾从乳下盖好。将温热毛巾覆盖两乳房，保持水

小贴士

产后24小时大事记

分娩后立刻好好休息；

分娩后半小时给宝宝喂初乳，让宝宝吸吮乳头，这样可尽早建立催乳和排乳反射，促进乳汁分泌；

分娩后1小时吃些有营养的食物，吃些稀的食物，但要有丰富的营养，如肉、蛋、鱼和豆腐之类。有汤水的东西，像鸡汤、排骨汤，对下奶是有效的；还要多吃新鲜蔬菜和水果，不仅增加维生素的摄入，而且对防止便秘也有帮助；

分娩后2小时观察产后出血量，注意观察。一旦阴道有较多出血，应通知医生，查明原因，及时处理；

分娩后4小时尽快排小便，帮助膀胱功能的恢复；

分娩后6小时适当地活动身体，增强腹肌收缩，促进子宫复原、恶露排出、增进食欲，防止尿潴留和便秘发生；

分娩1天后可以下床。

温。最好两条毛巾交替使用，每1~2分钟更换一次热毛巾，如此敷8~10分钟即可。注意皮肤的反应，避免烫伤，然后用毛巾擦干并盖上大毛巾。

按摩乳房。将清洁纱布置于乳头上，以吸收流出的乳汁。将爽身粉倒在手上搓匀，双手分置乳房根部，顺时针按摩1~2分钟。具体方式：

一手固定乳房，另一只手依据乳腺分布的位置，由根部向乳头以螺旋形按摩逐渐至全乳，按摩1~2分钟。

一手按住乳房，另一手由乳房根部用手指的力量向乳头方向推行、按摩。以双手分别放在乳房两侧，由根部向乳头挤压按摩。

然后，用同样方法按摩左侧胸部。

按摩完毕，将甘油少量倒于右手指尖处，左手拇指与四指分开固定乳晕周围，右手指将乳头往外牵引数次。然后用毛巾将爽身粉拭净，穿好胸衣。

宝宝最爱的美味

◎ 在产后的2~3天内分泌出"初乳"

新妈妈的乳房在垂体分泌的大量的催乳素的作用下，会出现迅速胀大而且坚实，新妈妈会感觉胀痛难耐。在轻轻用手按摩或经过小宝宝的吸吮后分泌出初乳。

◎ 规律哺乳的建立，"初乳"变成"成乳"

新妈妈的乳房会规律地充盈、排空，再充盈、再排空。乳房虽因哺乳而变大了许多，但只要注意哺乳期卫生及保健，避免发生感染等问题，一般不会感觉乳房疼痛不适，只是在喂奶之前会感觉乳房发胀，有时乳汁会自行溢出，

喂奶之后随着乳房的排空，胀感消失。

◎ 新妈妈哺乳要点大全

对于初次哺乳的妈妈，总对那个软绵绵的小人儿手足无措，怎么抱？怎么让宝宝衔住乳头？掌握哺乳方式要点很重要。

妈妈要坐舒服了。全身的肌肉要放松，腰后、肘下、怀中都要垫好枕头。如果坐在椅子上，踩一只脚凳，将膝盖提高。如果坐在床上，就用枕头垫在膝盖下。不要前倾身体将奶头送进宝宝嘴里，而是利用枕头将他拥抱到你胸前。

宝宝要躺舒服了。横躺在你怀里，整个身体对着你的身体，脸对着你的乳房。注意宝宝不应该扭转头和脖子来找奶头，他的头应该枕在你的前臂或者肘窝里，你的前臂托住他的背，你的手托住他的屁股或者腿。

将乳房靠近宝宝。用另外一只手握住乳房，拇指在上方，另外4根手指头捧住下方，形成一个C字。注意手指头要离乳晕一段距离。

鼓励宝宝正确地衔住乳头。如果宝宝的脸转向另一边，轻轻地划过他的脸颊，觅食的本能会令宝宝的头转向你，用乳头逗引宝宝的下唇，轻声鼓励张大嘴。等到宝宝嘴张得最大时，迅速地搂紧，让他来含住乳头。

宝宝不仅要含住你的乳头，更重要的是，要含住大部分的乳晕，你的乳头应该完全越过宝宝的牙床。仅仅吸吮乳头不仅不会使宝宝吃到奶，而且会引起乳头皲裂。正确的姿势有助于宝宝挤压乳晕下的输奶管，以获取大量乳汁。一旦发现宝宝的衔乳方式不对，应该用小手指伸进宝宝下唇和乳房之间，断开衔接，重新来。

小贴士

最有效的吸吮方式

注意宝宝应该吸吮你的乳房，而不是他的舌头或下唇。如果发现宝宝的下唇窝在嘴里，可以用手轻轻拨弄他的下巴和嘴，将下唇释放出来。宝宝吸吮的，应该包括你的乳晕，这样才能有效地刺激乳腺分泌乳汁。

身材恢复进行时

你的身体曾经过巨大的变化，所以不要期望一夜间发生奇迹。仔细倾听你身体的反馈——如果你运动得太多太频繁，会产生危险。

加强锻炼，经常做抬腿、仰卧起坐运动以及一些新妈妈操，可增强新妈妈体内的血液循环，促进新陈代谢，同时母乳喂养能促进妈妈体形的恢复。如果你开始感到疼痛或不适，请立刻停止运动。

1. **卧式锻炼**：靠床沿仰卧，臀部放在床沿，双腿挺直伸出悬空，不要着地。双手把住床沿，以防滑下。双腿合拢，慢慢向上举起，向上身靠拢，双膝伸直。当双腿举至身体的上方时，双手扶住双腿，使之靠向腹部，双膝保持伸直。然后，慢慢地放下，双腿恢复原来姿势。如此反复6次，每天1回。

2. **腰部锻炼**：仰卧屈膝，两臂平放于体侧，然后收腹，将身体向头部方向举抬，双臂不动，保持3~5秒钟，重复10~15次。

3. **腹腿锻炼**：正坐，双腿伸直并拢，双手体侧后撑地。先将双腿抬起，再将双腿屈膝，然后伸直，重复10~15次。

4. **多进行锻炼，以控制脂肪的堆积**。新妈妈的健身应该以有氧运动和力量训练相结合的原则来进行。

有氧运动的目的在于恢复体能、减少脂肪。运动的形式可以选择游泳、水中健身操、有氧舞蹈、快走等。科学的力量训练，则可以使新妈妈尽早恢复全身肌肉的力量，恢复苗条的身材。

在家里，可以双手扶着墙壁，或者椅子、桌

子等，腰竖直，慢慢地往下坐，直到大腿与地面平直。尽量用腿部力量，然后抬起。每次训练12~15次。刚开始运动时，可以减少次数。

你必须要了解的私密处恢复

子宫的恢复。 分娩以后，子宫会排出恶露，持续3~4周。最初，胎盘会排出红色的血，过几天便呈褐色，数周以后，则呈黄色，直至不再有恶露。子宫的大小与重量也会逐渐变回到原来的状态，这个过程大约需要6周的时间。

外阴的恢复。 分娩后，会阴部的轻度裂伤或切口，一般都能在4~5天内愈合。外阴轻度的水肿，2~3周内自行消失。

阴道的恢复。 因为胎宝宝通过阴道，阴道壁被撑开，会出现肿胀，并有许多细小的伤口，分娩后1~2天排尿时会感到刺痛，通常1周后可恢复。

生殖机能的恢复。 产后月经来潮的时间因人而异，通常不哺乳的女性，月经来得早，有些产后一个月就会月经来潮，哺乳的妈妈可能产后一年才会恢复月经。哺乳期无论是否恢复月经，卵巢均有可能排卵，因此怀孕仍有可能发生，要注意避孕哟。

自然健身法应对松弛

新妈妈在分娩后两个月左右，最好做一次

盆底功能检查。阴道本身有自我修复功能，而新妈妈要想预防阴道松弛的发生，就要做好产后的恢复性锻炼，阴道松弛的情况大多都会得到改善。

站式锻炼：双腿站开，收缩两侧臀部肌肉，使之相挟，形成大腿部靠拢，膝部外转，然后收缩括约肌，使阴道往上提的方向动，类似憋尿的动作。耐心锻炼，即可学会分清阴道和肛门括约肌舒缩，改善阴道松弛状态。每天坚持15分钟，坚持一段时间，就可以看到疗效了。

收缩阴道壁肌肉锻炼：有助于恢复子宫、膀胱、阴道壁肌肉和韧带的弹性。练时屈坐、立、卧姿均可，收缩以能感到轻微的阴道肌颤动为好。注意，腹肌、骨盆和臀部保持不动，无明显的体外动作。收缩肌肉后要保持数秒，然后再慢慢放松，直至肌肉完全松弛后，再重复收缩、放松，每天100次。

小贴士

新妈妈月子卫生3个关键

新妈妈的居室，要保持清洁安静、温暖舒适，定时通风，但要小心产后多汗，毛孔张开，容易感冒，要注意避开风口。

要保持口腔卫生，要保持身体的洁净，勤换内衣，勤洗澡。特别要注意会阴清洁，每天至少早、晚各洗一次，卫生巾及时更换。

产褥期禁止性生活，因为在产后这个时期子宫正处于创面出血，很容易受到感染，产后两个月内禁忌性生活。

别忽略了产后抑郁

产后抑郁属于产后心理障碍的一种。新妈妈产后常感到莫名其妙的委屈，并暗自啜泣，闷闷不乐。

1. 家人关爱

给新妈妈以关爱、支持、理解和帮助；主动帮助新妈妈做家务，照顾宝宝；帮助解决宝宝喂养中存在的问题；保证新妈妈充足的睡眠和休息，减少新妈妈的负担。

2. 新妈妈自我调理

可以直接找心理医生咨询与治疗；寻求其他人，如家人、朋友的帮助；出现困惑时，请他人帮忙做决定；与宝宝隔离一段时间（哪怕是每天1小时）做自己喜欢做的事，如读报、喝茶、音乐等，即使什么事都不做，只是安静休息也行；学习一些处理情绪问题的技巧，如放松身体，看画报、找人聊天儿等。

3. 产后抑郁症需要关注

产后抑郁症发病的时间长短不等，有的出现在产后一两年间，有的产后几周就出现，发病率为10%。症状是心情恶劣，疲倦，伴有头疼和全身疼痛。生活中的一些很平常的事都会愈来愈觉得受不了，悲伤流泪，无心打扮，不思饮食，甚至连宝宝也不想照顾，严重者可能自杀。

产后检查影响女人一生

新妈妈孕期体内所产生的内分泌以及生理变化，在分娩后都要逐渐恢复到孕前的状态。为了了解这些变化恢复情况，需要认真观察产后的各种变化。

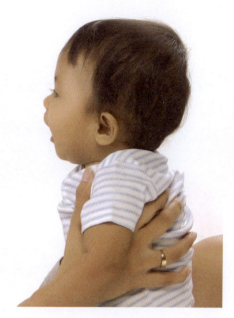

在产后6~8周到医院进行一次全面体检：目的是发现妈妈全身和生殖系统有无异常情况。

常规检查内容：包括测体重、血压，检查乳房及乳汁分泌情况，妇科检查，观察会阴伤口愈合情况、子宫恢复情况、产后恶露、双侧输卵管及卵巢、盆腔有无炎症、腹部及会阴侧切伤口愈合、骨盆底肌肉托力等。

小贴士

检查孕期综合征的恢复

如果孕时有孕高血压综合征，复查时要测血压恢复情况，如果血压仍未恢复成正常，就要定期检查或治疗以免发展成慢性高血压；如果孕期小便中有蛋白，要检查尿蛋白恢复情况及肾脏的功能；如果孕时尿中有糖，产后也应检查尿糖恢复情况；如果有贫血也要复查血色素。

附录

孕期产检速查表		
产检时间	产检名称	产检内容
孕5周~孕6周	初步验孕	"老朋友"还没来，买早孕试纸自测或直接去医院，确认是否中大"孕"。
孕6周	开始撰写妊娠日记	末次月经日期、月初及月末体重、验孕时间及结果、妊娠反应开始时间及妊娠反应的症状、本月异常状况。
孕8周	宫外孕检测	孕8周通过超声波检查，大致能看到胚囊在子宫内的位置，若未看到则要怀疑是否有子宫外孕的可能。
孕9周~孕11周	做绒毛采样	若孕妈妈家族本身有遗传性疾病，可在这个时间段做此检查。
孕12周~孕13周	第1次正式产检，领取"孕妈妈健康手册"、做各项基本检查	问诊、量体重和血压、身体各部位检查、听胎心、子宫大小检查、抽血、验尿、B超、"胎宝宝颈部透明带"筛查。
孕16周~孕18周	第2次产检，唐氏筛检	从第二次产检开始，孕妈妈每次必须做基本的例行检查，包括：称体重、量血压、问诊及听胎心音等。孕16周以上孕妈妈，可抽血做唐氏筛检，并看第一次产检的抽血报告。
孕20周~孕21周	第3次产检，详细超声波检查	医生会仔细量胎宝宝头围、腹围，看大腿骨长度及检视脊柱是否有先天性异常。
孕23周~孕24周	第4次产检，妊娠糖尿病筛检	大部分妊娠糖尿病筛检是在孕第24周做。医生会抽取孕妈妈血液样本进行筛查试验。
孕26周~孕28周	第5次产检，乙型肝炎抗原、梅毒血清试验、艾滋病抗体检查	再次确认早孕时所做检查结果，检视孕妈妈本身是否带有或已感染乙型肝炎。
孕30周~孕31周	第6次产检，子痫前症检查	大部分子痫前症会在孕期28周以后发生，因此孕后期针对血压、蛋白尿、尿糖所做的检查非常重要。
孕33周~孕35周	第7次产检，超声波检查、评估胎宝宝体重	孕34周时建议孕妈妈做一次详细的超声波检查，预估胎宝宝足月生产时的重量。
孕36周	第8次产检，为生产做准备	从孕36周开始，以每周检查1次为原则，持续监视胎宝宝的状态。
孕37周	第9次产检，注意临产征兆	腹部发硬、尿频严重、胎动减少、阴道血性的分泌物等症状，都是临产征兆！
孕38周~孕40周	第10~12次产检，准备生产、考虑催生	胎心监护、B超检查，了解羊水以及胎宝宝在子宫内的状况。如超过41周还未有分娩迹象，孕妈妈应考虑住院催产。

注：不同的医院会有差别，仅供参考。

孕期必备营养素

营养成分	补充的意义	缺乏后的危害	营养来源
α－亚麻酸	有助促进脑发育, 提高神经系统功能, 提高智商, 促进骨骼发育。	可致胎宝宝脑发育迟缓, 智力受损, 视力不好。	亚麻籽、火麻仁等。
叶酸	中枢神经系统发育的必需营养素。	可引起胎宝宝神经管畸形、早产、出生儿体重不足。	动物肝、肾, 豆类、绿叶蔬菜和水果中均含有叶酸。
铁	孕妈妈的造血原料, 与蛋白质结合形成血红细胞, 参与体内多种酶和其他组织的合成。	可引起贫血、早产、出生体重低, 严重时甚至会导致死胎。	肝、瘦肉、黑木耳、大豆、海带、紫菜等。
卵磷脂	被称为"记忆因子", 有助促进胎宝宝脑发育, 提高记忆力。	易造成胎宝宝智力低下。	除动物肝脏外, 蛋黄中的卵磷脂含量最高, 此外还有牛奶。
牛磺酸	能促进中枢神经系统发育, 对脑细胞增殖、分化起促进作用。	造成脑发育障碍, 视网膜异常, 反应能力低下。	动物体中均有, 其中鱼贝类最丰富。
维生素A	对视觉功能发育, 细胞增殖生长、骨骼发育有重要作用。	易致胎宝宝多器官畸形、死亡、流产、胚胎收缩。	南瓜、韭菜、绿豆、胡萝卜、芹菜、牛奶、杏、木瓜、蜂蜜、香蕉以及蛋类等。
锌	主要参与细胞发育和基因表达调控。	易致胎宝宝大脑、心脏等重要器官发育不良。	蛋 黄、鱼 类、动 物 肝、牡蛎、核桃等。
维生素B$_1$	参与能量的代谢, 在神经生理方面有着重要的作用, 还与心脏功能有关。	易使胎宝宝患神经炎、脑型脚气病。	粮谷类、豆类、干果、硬壳果类含量丰富。动物肝脏、蛋类及绿叶菜中含量也较高。
维生素B$_2$	宝宝的保护神, 是人体许多重要辅酶的组成部分。	易致胎宝宝骨骼畸形, 免疫功能低下。	菠菜、胡萝卜、香菇、紫菜、茄子等。
维生素D	促进钙吸收, 在骨骼中沉积, 是钙磷代谢的重要调节因子。	会使胎宝宝出生后患先天性佝偻病。	主要存在于海鱼、动物肝脏、蛋黄和瘦肉中。
维生素E	是体内最重要的抗氧化剂, 可增加人体免疫功能。	导致胎宝宝早产、先天畸形、出生后体重极低。	猕猴桃、菠菜、卷心菜、莴苣、山药等。
碘	胎宝宝发育动力, 促进脑发育和体格发育。	易致流产、死胎或胎宝宝先天畸形、甲状腺功能减退、智力低。	海带、紫菜、海白菜、海鱼、虾、蟹、贝类等。

孕期8大疾病危险信号

1. 恶心呕吐

安全: 孕后因胎盘绒毛激素的大量增加, 加上个人特有体质所导致。

危险: 如果出现严重的呕吐情形, 喝水也会吐, 可能是"妊娠剧吐症", 应立刻就医。

2. 尿频

安全: 孕2月后子宫慢慢变大, 向前压迫膀胱, 造成尿频的情形。

危险: 尿频合并解尿灼热、解尿疼痛、尿急得无法忍受、发烧等现象, 可能是膀胱受到感染引起发炎, 须尽快就医进行治疗。

3. 头疼

安全: 孕3月左右出现的头疼现象, 大多是血管扩张所造成, 也就是所谓的"脉动性头疼"。一般到15周之后就会慢慢改善。

危险: 怀孕中、后期头疼必须小心, 应注意是否合并血压升高, 如果血压也有升高, 可能是妊娠高血压综合征所引起。

4. 腹痛

安全: 孕妈妈在怀孕的各个阶段, 都可能出现腹部疼痛、腹胀、腹部紧绷的不适感, 这是很正常的生理现象。

危险: 如腹痛的情形一直持续, 且疼痛感愈来愈严重, 需要提高警觉, 怀疑是否为其他原因所造成, 主动就医检查。

5. 抽筋

安全: 孕妈妈孕期钙质摄取量不足, 可能发生钙离子不平衡的情形, 造成抽筋。

危险: 孕妈妈发生全身性的大抽筋, 甚至昏迷, 需怀疑是否为重度子痫前期。

6. 水肿

安全: 一般怀孕中、后期比较明显, 且大多集中在下肢水肿, 是所谓"生理性水肿"。

危险: 若发生严重水肿, 且合并血压升高的情形, 可能是因为妊娠高血压、子痫前期所引起的, 属于"病理性水肿", 须就医进一步诊疗。

7. 阴道分泌物增加

安全: 孕妈妈由于荷尔蒙增加, 阴道分泌物的量随之增加, 这是很正常的现象, 不需过于担心。

危险: 阴道分泌物呈黄色、呈豆腐状、有恶臭, 可能发生白色念珠菌过度增生或细菌感染, 应尽快就医; 此外, 孕晚期若感觉有大量水的分泌物, 须考虑是否有破水可能性。

8. 出血

安全: 子宫颈充血造成出血, 或孕妈妈阴道分泌物增加引发阴道的局部轻微发炎, 导致破皮产生出血的情形。

危险: 孕早期出血要考虑流产或先兆流产, 应立刻就医; 孕中、晚期持续出血, 应考虑是否有前置胎盘或胎盘剥离问题。